甘肃榆中县非遗传承空间环境适应性保护研究

叶 青 著

中国建筑工业出版社

图书在版编目（CIP）数据

甘肃榆中县非遗传承空间环境适应性保护研究 / 叶青著. -- 北京：中国建筑工业出版社，2024.7.
ISBN 978-7-112-29977-5

Ⅰ . G122

中国国家版本馆CIP数据核字第2024GU6081号

通过对榆中县非物质文化遗产与其传承空间环境的多元发展模式分析，深入挖掘其中的规律及保护方法的可实施性，以实证的角度对榆中县各类非物质文化遗产与其传承空间环境进行综合的动态分析与保护，以促进榆中县的文化生态系统建设和可持续发展。本书适用于建筑学专业在校师生以及文化遗产保护领域的从业者、爱好者。

责任编辑：唐　旭　吴人杰
责任校对：王　烨

甘肃榆中县非遗传承空间环境适应性保护研究
叶　青　著

*

中国建筑工业出版社出版、发行（北京海淀三里河路9号）
各地新华书店、建筑书店经销
北京雅盈中佳图文设计公司制版
北京中科印刷有限公司印刷

*

开本：787毫米×1092毫米　1/16　印张：12¹/₂　字数：229千字
2024年7月第一版　2024年7月第一次印刷
定价：**68.00**元
ISBN 978-7-112-29977-5
　　　（43012）

前　言

　　传统村落榆中县的文化遗产与村落的发展、变迁有着密切的关系，村落是县域空间的重要组成部分，也是比较稳定的地域社会单元，村落也是风俗习惯、宗教信仰、民俗礼仪等文化的承载空间。县域范围的自然人文环境有统一性和相似性，而各个村落之间也会有差异性。因此，一方面需要对县域内的非物质文化遗产及其传承空间环境进行整体研究，另一方面也需要重视个体差异。这种研究方式有助于榆中县文化多样性的保护，对当地文化遗产的保护有着重要意义。

　　城镇化的快速发展带来了很多问题，历史文化的保护需要我们长时间探索，不能简单地复制，需要根据当地的情况制定保护策略，并不断地完善、修正。在城镇化快速发展的状态下，很多传统文化都会被破坏、被忽视。在此研究背景下提出适应性保护的理论方法，以探索适合榆中县非物质文化遗产与其传承空间环境保护的具体方法。

　　笔者分析县域整体的非物质文化遗产与其传承空间环境的特征及关系，提出从宏观—中观—微观角度适应性保护的方法，即遗产区域保护及文化整合、复合结构的类型保护、建筑空间功能协调及修复三个方面，针对不同的保护方法，对各个层级进行分析：首先，对榆中县非物质文化遗产整体分布情况进行区域分析；其次，对村镇非物质文化遗产及相关空间的数量、空间属性等进行类型分析；最后，对单体建筑空间与其非物质文化遗产进行质化分析。

　　通过对榆中县非物质文化遗产与其传承空间环境的多元发展模式进行分析，深入挖掘其中的规律及保护方法的可实施性，以实证的角度对榆中县各类非物质文化遗产与其传承空间环境进行综合的动态分析与保护，以促进榆中县的文化生态系统建设和可持续发展。

目 录

第1章 绪论

1.1 研究背景

1.1.1 全球化时代多元化发展

文化体系的全球化使得"世界范围内某些中心在不断地传播最富有社会所特有的知识、技能、美学趣味，以至处世之道等，其结果，使社会的非地方化，经济和文化方面的世界性日益增强"[1]，文化的全球化成为目前的新特征。

乔纳森·弗里德曼说：全球化过程的政治条件导致了文化的异质性和多元性，反过来又和历时的政治霸权相关，文化全球化有助于增强民族文化与国家认同，外部环境的变化有助于提升民族主义情感，这对于国家的认同和民族文化的保存具有重要作用[2]。全球化是各国文化走向世界的重要途径，发达的信息技术更对全球化的文化交流有着重要作用，与各国先进文化的互通互联，同时保留自身传统文化的独特价值，才是实现本国文化认同的途径。

全球化使文化具有普遍性特征和多样性特征，在为文化提供全球化发展平台的同时，也给中国文化带来了诸多挑战。

1.1.2 快速城镇化发展对榆中地区文化产生重要影响

城镇文化的区域特性、民族文化、传统文化等加速消逝，使得各国之间地域文化特征同化的情况变得越加严重。全球化改变了人们原有的时空概念，以不可逆转的趋势，同化着人类传统文化的生存语境，使不同地域的城镇居民面临着共同的生活境遇，不同的国家、民族和历史形成的文化特色和独特的文化遗产正在消逝。在全球化的文明演进中，城市面貌和生活方式从没有像今天那么雷同和千篇一律[3, 4]。地域特征和本土文化逐渐被同一化，城镇的历史和传统急剧消退，有着丰富历史文化遗产的地区，保护情况并不乐观。

我国城镇化的推进对榆中县带来了非常大的影响，主要体现在以下几个方面：①城镇化的推进，加大了对村落资源的利用，旅游开发、产业发展等多元主体在利润最大化价值观的驱使下，村落文化资源利用追求经济效益，加之普遍存在相关管理制度缺失，造成文化资源流失。②各乡镇对文化资源的保护在快速城镇化推进中的需求及重视程度不同，导致发展和保护不平衡。③一些传统村落在城镇化推进的影响下，一味地追求现代化，导致历史建筑被破坏，取而代之的是新建的高楼或仿古建筑，割断了地方的历史文脉。

伊利尔·沙里宁认为，"城市建设是一个长期而且缓慢的过程"，他提倡有引导、有计划地沿着预定方向，明确目标，逐步地演变，并认识到规划"灵活性"的重要程度[5, 6]。规划不仅仅是面向未来的，也需要考虑可能会从未来回到现在。

城镇化的快速发展带来了很多问题，历史文化的保护需要我们长时间的探索，需要根据当地的情况制定保护策略，并不断地完善、修正。在城镇化发展加速的状态下，很多传统的文化都会被破坏、被忽视。如今榆中县在城镇化加速发展的进程下，地区的特色也在快速地消失，如何积极地沿既定的目标发展，是接下来要思考的问题。

1.1.3 榆中县非物质文化遗产与其传承空间环境生存与发展的客观需求

榆中县的空间环境是其本土文化的物质载体，是在特定的地理位置和相同的社会文化背景下人们活动与自然相互作用的综合结果。自然空间环境、地方风貌、民俗文化等因素形成了榆中县与众不同的环境特征和文化个性，是其独有的历史文化资源，无法替代和再生。

随着交通、经济、社会结构等因素应时代发展而变化，榆中县的文化及其传承空间环境的功能、作用逐渐衰退，许多非物质文化遗产由于城镇化的影响，逐渐走向衰落，文化遗产与空间特色正渐渐消失。

在非物质文化遗产及其传承空间环境的保护与发展过程中，一方面，随着城镇化进程的不断加快，对传承空间环境特色价值的认知缺乏，对特色保护意识不足，一些"建设性的破坏"导致部分历史建筑被拆除，地域文化也渐渐被人们遗忘，"新建筑"成为新趋势；另一方面，县与县之间的非物质文化遗产及其传承空间环境存在差异，由于地域的不同，地理环境和人文背景以及非物质文化遗产空间环境形态和特色存在差异化，如果套用某种模式保护类型多样的非物质文化遗产及传承空间环境是不合理的。因此，探索榆中县非物质文化遗产与其传承空间环境的本土化特色保护策略非常有必要。

正是这些现象的普遍存在，让我们认识到榆中县非物质文化遗产传承空间正处于急需保护的状态，需要对这一地区的传统文化和空间环境有更深入的了解，以寻求适应榆中县非物质文化遗产与其传承空间环境的保护方法。

1.2　研究目的与意义

1.2.1　研究目的

以一个县域为整体，对榆中县非物质文化遗产与其传承空间环境进行深入分析。

从宏观视角梳理非物质文化遗产在县域空间的分布特点，对于与空间环境关联密切的非物质文化遗产类型进行整合，寻找散落个体之间的联系，对非物质文化遗产空间环境进行总体量化和个体质化分析，对区域内的文化进行整合。

从中观视角对村落的非物质文化遗产进行分析，分析非物质文化遗产与传统村落空间功能属性、空间尺度、结构及周围的环境等之间的关系。

从微观视角梳理非物质文化遗产与其建筑空间环境的关系，包括非物质文化遗产对建筑空间布局、功能、形态、尺度等因素的影响，以及非物质文化遗产活动产生的行为习惯对空间及环境的影响。

从以上三个视角分析榆中县非物质文化遗产与其传承空间环境的关系，根据不同的情况，提出以不同方法、不同模式进行适应性保护。

1.2.2　研究意义

在历史变迁过程中，村落的形态、历史文化以及周围环境不断发生着变化，这里的非物质文化遗产以村落为传承载体。村落的文化是复杂多元的，这与村落的社会结构、发展变迁有着密切的联系。一个县内不同的村镇受地形地貌、气候特征、历史文化等因素影响，会有一些差异，同一村落内部也会因为新旧文化的交替产生一些变化，环境、空间、建筑都与非物质文化遗产有着适应性的关系，相互制约、相互发展。因此，研究非物质文化遗产与传承空间环境的关系，一方面有助于这一地区的文化整体性保护，另一方面有助于这一地区文化多样性的保护。

本书试图从全球化、本土化之间存在的矛盾背景下理解非物质文化遗产与其传承空间环境在当下面临的挑战与困难，进而提出根植于地方条件的、多样性的、可持续的和面向未来的保护模式。其意义在于将非物质文化遗产与其传承空间环境保护研究的重点从遗产本身扩展到非物质与物质之间的关系研究，以及非物质文化遗产与其环境的整体性发展方面，强调了在城镇化进程中提出适应性保护理论，基于非物质文化遗产和物质空间环境的类型、特征等因素将榆中县域划分为三个类型，并针对不同类型建立不同的保护模式，对研究县域的非物质文化遗产及其传承空间环境的保护具有理论及实践方面的指导作用。

1.3 研究内容及方法

1.3.1 研究内容

本书前期以环境适应性为前提，对榆中县的非物质文化遗产与其传承空间环境进行了历时性和共时性的特征分析，提出了非物质文化遗产与其传承空间环境适应性保护的方法，进一步研究适合榆中县非物质文化遗产与其传承空间环境保护的模式，具体研究内容如下：

第1章：提出研究课题的背景、研究目的、研究意义、研究内容、研究方法、研究框架。

第2章：分为三个部分，第一部分是对非物质文化遗产与其传承空间环境的概念界定及相关理论进行阐述。梳理国内外非物质文化遗产与其传承空间环境保护的理论发展及研究成果。第二部分分为两个层次，第一个层次是研究非物质文化遗产与传承空间环境关系的基础理论；第二个层次是从适应性的起源生物学开始，对适应性的发展以及对各个学科领域适应性的理解及延伸进行梳理。第三部分是对适应性保护的基本理论进行阐释，对当下全球化发展背景下非物质文化遗产与其传承空间环境如何可持续发展及有机更新提出的一些论点进行辨析，分析相关案例以及适应性保护在本书中的应用。

第3章：从宏观层面介绍榆中县概况，从乡村聚落的环境适应性视角出发分析其自然地理背景及历史人文背景；从中观层面分析镇域、村域空间载体的特征；从微观层面对个体建筑空间载体的特征进行分析，并对非物质文化遗产与传承空间环境的相互适应关系进行阐述。分析榆中县的祭祀空间、传统手工作坊、民居院落、建筑结构及细部与非物质文化遗产的关系，并阐述非物质文化遗产与其传承空间环境起到的相互促进作用以及存在的一些现实问题。

第4章：研究适应性保护对非物质文化遗产及其传承空间环境的显性和隐性作用。提出适应性保护的必要性和基本原则，进一步提出适应性保护的三种研究方法。

第5章：通过对非物质文化遗产及其传承空间环境的梳理，结合第5章适应性保护的三种方法，运用"宏观—中观—微观"的多层级模式划分保护的区域，对县域层级遗产区域保护及文化整合、乡镇层级复合结构的类型保护和建筑层级建筑空间功能协调及修复，提出适应性保护建议（图1.1）。

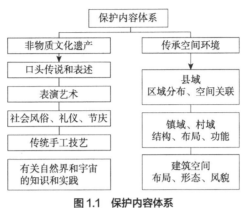

图1.1 保护内容体系
（来源：作者自绘）

第6章：研究结论、创新点以及不足与展望。

1.3.2 研究方法

1.3.2.1 理论方法

适应性作为本书的理论基础，用历时性和共时性的理论方法，整理榆中县非物质文化遗产与其传承空间环境的发展脉络、人文变迁以及发展现状。通过文化生态学、人类聚居学、文化社会学及环境行为学理论论证非物质文化遗产与其传承空间环境的关系，可持续发展和有机更新理论研究适应性保护的方法及模式，使得榆中县非物质文化遗产与其传承空间环境的保护更加科学化、系统化。

1.3.2.2 实践方法

走访县文化馆、规划院等相关机构，收集资料，对榆中县非物质文化遗产的保护现状、分布及特征、传承人现状及传承空间环境的空间格局、居住生活形式、建筑风格等进行实地调研。通过拍照、测绘、采访等方式获得基础资料，反复调研，深入了解非物质文化遗产与其传承空间环境的关系，反馈榆中县非物质文化遗产与其传承空间环境保护的现实问题。利用GIS分析县域非物质文化遗产的整体空间环境，利用空间句法分析中观尺寸非物质文化遗产的相关空间，对微观尺度的非物质文化遗产相关建筑空间进行个性化分析，最终通过适应性保护的理论指导，形成动态的互动性研究成果。

1.3.2.3 系统分析法

系统论是 20 世纪 30 年代后期慢慢形成的一个涉及多个学科的理论，系统论基本特征表现为有规律、系统内为一个整体、相互关联和保持动态的平衡，系统中的各个成分之间相互影响、相互作用、有机联系。因此，笔者将榆中县非物质文化遗产与其传承空间环境看作一个有机且复杂的社会系统，从非物质文化遗产相关空间环境的宏观、中观、微观三个层次，以自然、历史、文化、聚落等要素为研究的基础，对其进行整体的、开放的系统研究。

1.3.2.4 类型学、比较分析学的方法

使用这两种方法对榆中县的文化遗产资料进行整理，运用类型学方法对研究对象的形成、发展、演变展开研究，在分析、比较中归纳出榆中县非物质文化遗产与其传承空间环境的形成、发展、演变特征。

1.3.2.5 "以问题为导向"的研究方法

因受地理环境、地域文化、历史发展等因素的影响，榆中县非物质文化遗产及其传承空间环境在分布、特征、空间形态等方面都有所不同。因此，探讨不同类型的差异性，并找出共性规律，发现其个性特征，认识问题、解剖问题，是榆中县非物质文化遗产与其传承空间环境研究不可或缺的方法。

1.4 研究框架

本书依据榆中县非物质文化遗产和传承空间环境的现状以及相关文字、录像、古籍等资料对其进行深入了解，分析其特征，对非物质文化遗产和传承空间环境的关系进行深入剖析，构建保护的方法。

首先，建立非物质文化遗产与其传承空间环境的保护层级，分别对宏观层—中观层—微观层的影响因素、作用力、限制性等进行分析；其次，构建榆中县非物质文化遗产与其传承空间环境的理论保护体系和技术保护方法；最后，对榆中县非物质文化遗产及其传承空间环境提出具体的保护措施（图 1.2）。

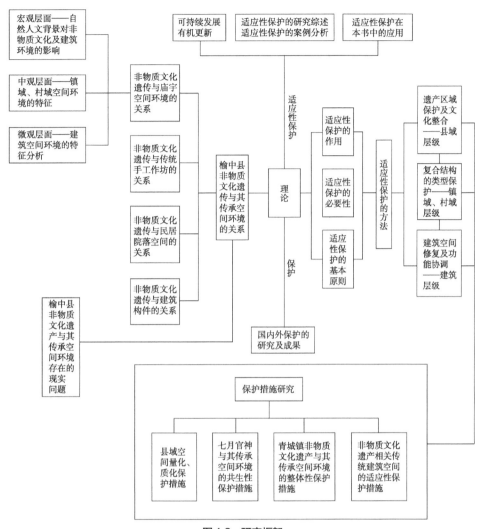

图1.2 研究框架

（来源：作者自绘）

参考文献

[1]　吴良镛. 广义建筑学 [M]. 北京：清华大学出版社，1989.

[2]　钱凯一. 中、日、韩近现代漆艺的发展与传承比较研究 [D]. 南京：南京师范大学，2014.

[3]　戴彦. 巴蜀古镇历史文化遗产适应性保护研究 [D]. 重庆：重庆大学，2008.

[4]　杨东平. 城市季风 [M]. 北京：东方出版社，1996.

[5]　朱勍. 从生命特征视角认识城市及其演进规律的研究 [D]. 上海：同济大学，2007.

[6]　伊利尔·沙里宁. 城市——它的发展衰败与未来 [M]. 北京：中国建筑工业出版社，1986：11.

第2章　国内外相关理论研究与实践

2.1　国内外非物质文化遗产与其传承空间环境的概念界定及保护理论研究

2.1.1　国外非物质文化遗产与其传承空间环境保护理论的发展历程及综述

2.1.1.1　国外非物质文化遗产的保护理论发展历程及综述

1. 非物质文化遗产的概念

非物质文化遗产和非物质文化相比较而言，涉及的内容更具体，在联合国教科文组织的《保护非物质文化遗产公约》中明确提到："非物质文化遗产（Intangible Cultural Heritage）指被各群体、团体、有时为个人所视为其文化遗产的各种实践、表演、表现形式、知识体系和技能及其有关的工具、实物、工艺品和文化场所" [1, 2]。非物质文化遗产保护名录的建立，意味着非物质文化的保护朝着多层级、多元化的方向发展，从村落、乡镇、城市，再到整个国家层面。非物质文化的范围相对来说更广泛，可以是非物质文化遗产以外的文化类型又包含非物质文化遗产，涵盖的范围更宽泛，比如自然科学、艺术、哲学、习惯、语言、文字等，都满足"非物质文化"的条件。

2. 遗存的定义

非物质文化遗存与遗产的不同在于，遗产是已经被列入保护名录中，遗存是还未被列入保护名录，却又与遗产有着相同属性，有着一定的文化价值，本书研究的是与传承空间环境有着较密切关联的非物质文化遗产以及遗存。

3. 非物质文化遗产保护的发展历程

1950 年日本颁布的《文化财保护法》中就规定，由国家保护有形和无形的文化遗产，由国家设立文化财保护委员会，用于保护传统文化。这些举措表现了日本对民族传统文化的保护和尊重，为了使无形的非物质文化遗产更好地传承和保护，继《文化财保护法》后，日本又颁布了《重要无形文化财保持者认定基准》[3]，为非物质文化遗产的发展制定法律保护条例。

1982 年，在墨西哥城举行的世界文化政策会议上发布的《墨西哥城文化政策宣言》提出，将人类的文化遗产范围扩展为非物质和物质文化遗产。

1989 年联合国教科文组织颁布了《保护传统文化和民俗的建议》，对民俗的定义、鉴别、维护、保存、传播及保护都作了界定。从建筑单体到其环境的保护中，也将民俗列入保护的范畴。1996 年《圣安东尼奥宣言》指出：只有通过对历史的客观研究，物质遗产固有的物质要素，以及对与有形遗产有关的无形传统的深刻理解，才能理解我们遗产的综合文化价值[4]。联合国教科文组织第 31 届会议于 2001 年 11 月 2 日通过了《世界文化多样性宣言》[5]，希望在全球化进程下依然能够保持文化多样性。联合国教科文组织第 32 届大会通过的《保护非物质文化遗产公约》[6] 中，非物质文化遗产的概念和非物质文化遗产的类型在公约中被明确定义。

从最初的承诺到不断地扩展，增加保护的范围，是希望文化遗产得到更好的传承，并且能够保护到更多的珍贵遗产，从而确保保护国家遗产的各个方面。

4. 非物质文化遗产保护的研究成果

María Josédel Barrio 等（2012）在《评价非物质文化遗产：以文化节庆为例》中试图提出一种评估文化节的方法论建议，采用三重分析方法：计算个人分配的价值、估计经济影响和衡量管理机构的效率。每个分析简介都列出了主要问题和技术挑战，并回顾了比较案例[7]。

Annette B（2016）在《民族志博物馆和非物质文化遗产回归本源》中追溯了欧洲民族志博物馆的历史和发展动力，并分析了欧洲民族志博物馆的几个组成部分。对其与非物质遗产的关系进行了探讨[8]。

Siow-Kian Tan（2018）的《非物质文化遗产的地方感和可持续性——乔治城和马六甲的案例》中提出遗产旅游虽然不可否认有助于经济增长，但也有可能威胁到遗产的完整性，尤其是非物质文化遗产。旅游的发展，可能迫使城市当地居民离开。旅游产品的标准化，会使这些世界各地的城市看起来都一样。所以，需要管理遗产旅游的可持续性，尤其是非物质文化遗产，并且要强调地方感，一个人在一个区域的时间越长，会越来越依附这个地方，产生情感纽带，这些人有助于大家理解当地的文化，指导活动如何开展。在对这一地区进行规划设计时，需要了解自己的遗产，这样才可能持久[9]。

Alfonso Amaro 等（2019）的《西恩富戈斯传说作为地方非物质文化遗产的一个评价视角》对西恩富戈斯传说作为地方非物质文化遗产的组成部分进行了评价

分析。这一分析需要非物质文化遗产及其社会的联系，以及口头叙事与传统文化和大众文化关联。同样，需要对社会文化行动的重要性以及社会在振兴和保护遗产方面的作用采取一种方法[10]。

Haleh Masoud 等（2020）的《游客对非物质文化遗产的吸引力研究（案例研究：伊朗伊斯法罕）》文章中研究的是伊朗伊斯法罕作为新的旅游胜地的非物质文化遗产。此外，这项研究有三个主要目的：①研究游客对非物质文化遗产关注的趋势；②衡量游客对非物质文化遗产的认知；③从国内游客的角度确定非物质文化遗产景点和活动的优先级。根据这项研究的结果，可以得出结论，国内游客对非物质文化遗产的概念并不熟悉。但是，游客对非物质文化遗产景点和活动感兴趣，特别是对当地美食的烹饪和品尝，对当地糖果、传统药物和药用植物的制作和品尝，以及传统工艺品制作的技能感兴趣[11]。

Claudia Melis 等（2021）在《非物质文化遗产的建构：福柯式的批判》文章中认为，非物质文化遗产话语反映了苏格兰的政治定位，也作为知识的程序化、功能性对象。非物质文化遗产的话语建构也是脆弱的，通过对一份关于苏格兰非物质文化遗产公共机构文件的话语分析，发现现有的话语关系领域中部署了信念话语策略（例如清查）来构建非物质文化遗产，并且关于保护非物质文化遗产重要性的概念是通过对其脆弱性和非物质性的论述而构建的[12]。

2.1.1.2 非物质文化遗产与物质文化遗产周边环境的整体性保护发展历程概述（表 2.1）

1964 年，第二届历史古迹建筑师及技师国际会议在威尼斯召开，会议在《雅典宪章》的基础上，制定了《威尼斯宪章》，《威尼斯宪章》指出：除了对单个建筑物的保护，还要对单体建筑和一定规模环境的保护，不能与其历史和产生环境相分离[13]。自此开始对历史建筑、街区和周边环境的整体性保护。

按照 1968 年《关于保护受到公共或私人工程危害的文化财产的建议》对文化财产的解释，即"不可移动之物体，无论宗教的或世俗的，诸如考古、历史或科学遗址、建筑或其他具有历史、科学、艺术或建筑价值的特征，包括传统建筑群、城乡建筑区内的历史住宅区以及仍以有效形式存在的早期文化的民族建筑，它既适用于地下发现的考古或历史，又适用于地上现存的不可移动的遗址，'文化财产'一词也包括此类财产周围的环境"[14]。

1972 年，联合国教科文组织在《关于在国家一级保护文化和自然遗产的建议》[15]中的第 23、24 条指出：对文化遗产的保护要尊重其原貌，并保护它不受周围环境改建的影响，保持古迹与其周围环境的和谐。在以上重要的国际会议

国际建筑空间环境保护的重要文件及会议一览（来源：作者自制）　表2.1

时间	名称
1964年	《威尼斯宪章》
1968年	《关于保护受到公共或私人工程危害的文化财产的建议》[26]
1972年	《关于在国家一级保护文化和自然遗产的建议》
1975年	《关于建筑遗产的欧洲宪章》
1975年	《关于历史性小城镇保护的国际研讨会的决议》
1976年	《关于历史地区保护及其当代作用的建议》
1982年	《魁北克遗产保护宪章》
1987年	《保护历史城镇与城区宪章》（《华盛顿宪章》）
1994年	《奈良真实性文件》
1998年	《保护和发展历史城市国际合作苏州宣言》
1999年	《巴拉宪章》
1999年	《关于乡土建筑遗产的宪章》
2000年	《北京共识》
2005年	《西安宣言》
2007年	城市文化国际研讨会
2008年	《魁北克宣言》
2012年	《瓦莱塔原则》

中，文化遗产及周围环境的整体性保护逐渐提上议程。1975年，阿姆斯特丹大会提出了从单体的文化遗产保护扩展到保护传统城镇、村落及街区，以此保护历史的连续性。

1975年，《关于建筑遗产的欧洲宪章》提出了"完整性保护"的概念，其强调了建筑环境的保护，建筑环境的保护可以有效地避免建筑环境中的建筑遗产被破坏。这里提出的完整性保护概念是初步停留在一定范围内的周边环境保护，是对其物质性空间特征、建筑形态等的保护[16]。

1975年，《关于历史性小城镇保护的国际研讨会的决议》[17]中特别提到了不发达国家现有的城镇居住结构问题，因为人口迅速增长，大量的人口涌入城镇，会导致民族和文化多样性丧失，这些已发展数百年的本土建筑，受当地的自然、气候条件影响，居住结构、形式、建筑材料等都具有当地特色，城镇居住结构的改变会破坏当地的本土建筑环境。

1976年，通过的《关于历史地区保护及其当代作用的建议》中提到：每一历史地区及其周围环境应从整体上视为一个相互联系的统一体，其协调及特性取决于它各组成部分的联合，这些组成部分包括人类活动、建筑物、空间结构及周围环境[18, 19]。

1987 年，国际古迹遗址理事会通过了《保护历史城镇与城区宪章》，即《华盛顿宪章》。该宪章涉及的历史城镇"无论大小，其中包括城市、城镇以及历史中心或居住区，也包括自然和人造的环境"，而保护历史城镇与城区"意味着这种城镇和城区的保护、保存和修复及其发展和谐地适应现代生活所需的各种步骤"[20]。

1994 年，《奈良真实性文件》主要就如何建立与亚洲遗产保护规范有关的准则，以及如何将非物质文化的保存和纪念物与遗产地的保护相结合作出了规定。

1998 年，《保护和发展历史城市国际合作苏州宣言》[21] 中提出，通过对城镇的规划，对历史城镇进行整体性保护，一方面是因为历史城镇存在着这个地区的文化记忆，另一方面是能够让人们体会到过去的文明，并可持续地发展。

1999 年，国际古迹遗址理事会澳大利亚国家委员会提出的《巴拉宪章》对文化遗产地的保护作出了阐释，明确了文化场所的重要性，文化场所建立了过去和现在的联系，并丰富了人们的生活，反映出社会的多样性特征，具有重要的意义。

1999 年，在墨西哥召开的国际古迹遗址理事会第 12 届大会通过了《关于乡土建筑遗产的宪章》。该宪章扩展了乡土建筑遗产的保护领域，建立了乡土建筑管理和保护的原则，对乡土建筑遗产保护作了重新定位[22]，并且确定乡土建筑的保护需要以其所处的整体环境为范围，确立了完整性的保护方法。该宪章的通过标志着对乡土建筑的保护从个体到建筑群落和村落的整体环境，注重对乡土建筑的可持续发展。

2000 年，中国文化遗产保护与城市发展国际会议公布的《北京共识》[23] 提出了在城市建设方面的冲击下当前文化遗产的保护共识。会议明确了乡土建筑遗产保护的重要性，并且认为应从乡土建筑的整体环境出发，多角度、全面地认知乡土建筑，包括其所处的自然、社会环境，所承载的文化等。

2005 年，《西安宣言》强调除了物质文化遗产层面的环境，还包括文化、历史、民俗等共同形成的精神层面环境，还要考虑周边的自然环境与文化遗产之间的关系。

2007 年，城市文化国际研讨会提出，文化遗产见证着城市的生命历程，承载和延续着城市文化，也赋予人们归属感与认同感。城市文化建设要依托历史，坚守、继承和传播城市优秀传统文化，减少商业化开发和不恰当利用对文化遗产和文化环境带来的负面影响。成功的城市是在保持自己文化特色的基础上进行再创新的城市[24]。

2008 年，保护遗产地精神的《魁北克宣言》提供了进一步探讨的机会，比如物质遗产与非物质遗产之间的关系，以及社会与内部关系的文化机制的地方精神。地方精神被定义为有形的（建筑物、场地、景观、路线、物体）和无形的元素（传说故事、叙事、文字资料、节日、记忆等），赋予其意义的物质和精神元素，而不是把精神从地方分离出来，从无形到有形，调查两者互相作用，相互构建的多种方式。

2012 年，国际古遗址理事会第 17 届大会通过了《瓦莱塔原则》[25]。

2.1.1.3　国外非物质文化遗产及其传承空间环境保护的相关研究及成果

1. 文化与环境的关系

历史上的不同阶段，学者对文化的研究都没有停止，对文化的定义也在不断更新，研究成果已经很丰富，并取得了阶段性的成果。美国的人类学家克莱德·克拉克洪和克罗伯在《文化：关于概念和定义的探讨》中提出，一方面可以将文化体系看作活动的产物，另一方面则是进一步活动的决定因素，文化对其传承空间环境的形成及发展有着持久的影响，它作为观念形态的东西属于形而上的范畴，形成之后便会渗透至人们生活的各个方面，并影响人们的思想行为模式[27]。如今，我们在研究文化的时候，也研究文化的生存环境，以及文化形成的动态过程。

2. 文化遗产保护的相关研究及成果

文化遗产的基本概念是表达传承的事物，包括文化传统与意识形态等，它们的状态是持续的。1972 年，《保护世界遗产公约》将文化遗产分为"纪念物、建筑群、场所"三类，定义分别为："从历史、艺术或科学角度看具有突出普遍价值的建筑物、碑雕和碑画、具有考古性质的物件和构造物、铭文、洞穴居及有类似特征的综合物"；"从历史、艺术或科学角度看，在建筑式样、均质性或与环境结合方面，具有显著普遍价值的单体或连续的建筑群"；"从历史、审美、人种学或人类学角度看具有显著普遍价值的人类工程或自然与人联合工程，以及考古遗址等地"[28]。

国外的非物质文化遗产研究起步较早，联合国在 1978 年成立了文化遗产协会，从此，文化遗产的保护逐渐被人们熟悉和重视。文化遗产相关的保护研究和成果也越来越多。国外文化遗产保护主要可以分为 4 个阶段：14 世纪初期，文化遗产的保护属于基础阶段，保护的对象主要是历史遗址、遗迹，保护的方式是对遗迹的原有样貌进行还原；到了 17 世纪，人们对保护的理念有了更清晰的认识；18 世纪至 20 世纪，人们不再用原来固化的思维保护遗址、遗迹，而是开始保护它们的意识形态；20 世纪至 21 世纪，文化遗产的保护逐渐成熟，各国对文化遗产的保护理念与保护方法都有了具体的概念和措施，保护对象也从遗址、遗迹等建筑遗产本体扩大到周围环境的保护。国内的文化遗产保护，从 1985 年加入《保护世界和自然遗产公约》开始[29]，不断有学者加入到文化遗产的相关研究中。

第二次世界大战后，许多西方国家为了保护城市发展，采取了将旧城保留，周围建新城的方式，旧城以文化功能为主，新城以政治、经济、商业为主，因为这个方法旧城被完整保留了下来，同时保留下来的还有旧城的文化遗产。意大利罗马新城便是完全脱离了旧城兴建的，这样的做法使得一些历史久远的建筑被完整地保留下来。

生态博物馆和文化线路也是文化遗产整体性保护的发展下应运而生的模式，在 20 世纪 90 年代引入我国，也是为了保护更多的文化遗产，使保护非物质文化遗产和文化空间得到更好的发展。

1994 年，在西班牙马德里召开的"文化线路遗产"会议，提出了一个新的概念"文化线路"；2008 年，国际古迹遗址理事会第 16 届大会通过了《关于文化线路的国际古迹遗址理事会宪章》，即《文化线路宪章》。由此，"文化线路"这类遗产类型正式纳入遗产保护的行列。文化线路是跨越时间维度和地理长度的遗产类型，与线路功能相关的有形遗产和无形要素，几乎包括了人居环境中的全部构成，如建筑、城镇、乡村、文化景观、传统技艺、手工艺品等[30]。对这一线路的遗产整体性保护有着重要的价值。

Grete Swensen 等（2008）在《郊区景观规划中的文化遗产——以挪威南部为例》中研究在规划过程如何影响郊区景观中的文化遗产资产。特别注意文化遗产管理部门在进行总体规划时发挥的作用。文章对挪威的马德拉和南内斯塔德两个郊区进行了案例研究，案例研究设计包括 4 种方法：历史地图叠加、可视化方法、定性访谈和文件研究。研究结果表明，文化遗产资产更重要的是长久的衍生利益。随着城市向区域发展，行政和纪律边界也随之扩大，还需要文化遗产利益在规划中发挥更大的作用，以便更好地保护文化纪念碑和景观[31]。

Sharon Zukin（2012）的《阿姆斯特丹购物街城市文化遗产的社会生产身份和生态系统》中分析了阿姆斯特丹都市文化遗产，提到当地的购物街在全球北部的所有城市都形成了非物质文化遗产，但很少有人认识到它们的重要性，也没有保护它们的公共政策。阿姆斯特丹有一条高档购物街，与其他街道相比，这条街保留了传统的风格，这里的商店历史非常悠久，这样的文化生态系统不仅解决了这里居民的生存问题，也保护了这里的文化遗产，这样的街道长久发展需要社会的包容性，多元文化共存 [32]。

Raja Norashekin RajaOthman 等（2013）在《马六甲遗产城老城区的文化遗产资产相互依存》中确定了建立文化资产的人、地点和历史之间的关系。它由有形和无形元素组成，两者需要相互平行发展，由于它们之间的牢固关系和巨大的相互依赖性，需要使用文化资源框架，记录文化遗产资源的同时创建数据库。该方法适用于研究区域和其他复杂区域保护文化遗产资产的城市历史遗迹 [33]。

Ayman G. Abdel Tawab（2014）的《世界遗产中心的方法保护新古尔纳村，并评估其真实性和完整性》中提到对埃及的新古尔纳村保护的真实性和完整性，采用以原则为基础的方法。村庄的现状堪忧，除了清真寺和剧院，许多建筑都受到了影响，一些建筑墙壁的裂缝已经很深，另一些建筑已部分倒塌，还有一些已经倒塌的建筑。使用钢筋混凝土建造的高层建筑，对村庄产生了不可逆的威胁。针对这样的现状，作者提出了许多保护干预措施作改进。以最小的干预措施，提高满足真实性和完整性的条件，比如对村庄的建筑物采取适应性再利用干预措施 [34]。

ÜmmügülsümTer 等（2014）在《传统环境中的文化遗产保护：Mustafapaşa（Sinasos）案例，土耳其》中旨在将文化遗产传承给下一代，并提出相关建议，保护 Mustafapaşa（Sinasos）自然和文化的空间特征、遗产价值。研究中定义了空间特征和真实身份价值，通过对文化遗产保护的评估，给出规划和实施的细节保护经验 [35]。

SupojPrompayuk 和 PanayuChairattananon（2016）在《文化遗产社区的保护：泰国与发达国家的案例》中提出，在泰国文化遗产保护社区，遗产建筑和周围环境得到了精心保护，而生活方式和社会经济结构却没有得到保护。因此，本书旨在探讨成功的文化遗产社区保护方法。为了成功地保护这一遗产，保护方法必须建立起能够进行更改的组织和系统的维护管理程序 [36]。

Eleni Oikonomopoulou（2017）的《文化遗产保护的创新方法：希腊奇奥斯岛的文化路线》对希腊奇奥斯岛的文化线路采用了新的研究方法，包括采用信息技术的标准化流程。地理信息系统用作决策支持工具。保护和促进研究区域的最终提案遵循两个层次：分析路线及其环境，包括保护干预和保护区。研究结果表明，综合通过统一文化体系的文化路线管理标准化程序进行规划，有助于农村地区文化遗产的可持续保护和推广，提供经济效益发展、社会凝聚力和文化以及保护自然资源[37]。文中提出了文化资产的相互依赖性。由于文化资产的元素之间的稳固关系和相互依赖性，它们形成了不可分割的彼此，明确了有形和无形的协同作用。

Alison E. Feeney（2017）的《文化遗产：可持续发展和工艺对宾夕法尼亚州的酿酒厂的影响》中提出建筑是景观的重要组成部分，过去的文化和人们的故事以及环境在塑造着他们如何生活、工作和娱乐。啤酒厂的再利用有助于历史保护和可持续发展，重新保护历史建筑，将当地的重要事件、民间传说、特殊的活动等传播出来。这里三分之二的酿酒厂是功能齐全的餐厅，人们通过这种啤酒文化与当地的历史产生关联，既发展了当地的经济又恢复了历史建筑的风貌，是当地重要的文化特色，促进了当地多元文化的发展，并以书面和口头的形式传递给后代[38]。

Diana C.Quintana 等（2022）在《建筑和文化遗产作为农村地区社会变革的驱动力：西班牙昆卡镇休特的 10 年（2009—2019 年）管理和恢复》文章中研究确定影响的驱动因素以及遗产管理导致的社会变化，采用了两种方法：参与性影响路径分析（PIPA）和积极社会变革（PSC）。促进了遗产恢复规划和管理过程的整合和社会参与，有利于农村发展和鼓励这里的旅游活动[39]。以上研究对文化遗产保护的原则、模式、方法、评价方法等进行了多维度的分析。

3. 文化空间与传承空间的概念及研究成果

（1）文化空间的概述

文化空间是空间类别中的一种，"文化空间的本源意义是指一个具有文化意义或性质的物理空间、场所、地点"[40]。

在 20 世纪 90 年代末，联合国教科文组织在保护非物质文化遗产时发明并领先使用"文化空间"或称"文化场所"（Cultural Space）这类专用术语。联合国教科文组织发布的《人类口头和非物质遗产代表作申报书编写指南》，将"文化空间"这一概念阐述如下：文化空间可确定为民间或传统文化活动的集中地域，但也可确定为具有周期性或事件性的特定时间；这种具有时间和实体的空间之所以能存在，是因为它是文化表现活动的传统表现场所[41]。1998 年《人类口头和非物质遗产代表作条例》将文化空间表述为"一个集中了民间和传统文化活动的地点，但也被确定为一般以某一周期或是某一事件为特点的一段时间"[42]。

根据对文化空间的定义、概念的解读，可以将"文化空间"作为非物质文化遗产的一种传承空间载体，主要有三个层面：文化空间的物质、精神、社会三类空间，它是有形的空间载体、意识形态的精神载体和承载人们社会活动的载体。

非物质文化遗产的文化空间是非物质文化遗产发生和发展的重要场所，是民众具体的、直观的、初始的、生活性文化的载体，是不同时代的传承人在自己独特的文化空间中对非物质文化进行集体性、模式化表演的文化表达形式[43]。综上对"文化空间"的阐述，文化空间符合非物质文化遗产类的传承空间的定义。

（2）传承空间环境概念的界定

从本书的传承空间环境范围解释这一词的词义，"传承"指的是传递与承载非物质文化遗产。所以"传承空间"也应是"文化空间"的一种类型，"传承空间环境"从范围上界定可以从宏观、中观、微观三个层级理解。传承空间环境的宏观层级是指区域空间环境整体，比如生态博物馆、文化线路的整体性保护；中观层级是指镇域空间环境和村落空间环境；微观层级指的是小尺度的建筑空间。以物质空间环境为主，空间环境又分为两个部分，一部分是非物质文化遗产相关的建筑功能、格局等，另一部分是非物质文化遗产相关的建筑周围、村镇周围及县域周边的关系等。

（3）文化空间相关的研究成果

国外文化相关的传承空间研究成果较少，目前有 Lee YokeLai 等（2013）在《马来西亚历史城镇中文化空间的角色：瓜拉龙运和太平的案例》中提到文化空间构成了一个地方的物理、文化和感知属性，创造了社会现象和地方意义。目前，马来西亚历史名城的文化空间正面临着改变，导致地方衰落和无处可去。文中讨论了以瓜拉龙运和太平历史名镇身份为特征的文化空间作用。采用案例研究方法，包括现场观察和问卷调查，收集居民的文化体验。得出了日常活动、社会文化和经济活力产生的文化空间有助于历史城镇的身份认同结论[44]。

Pollyanna S.Andrade 等（2015）在《触觉现实：视障人士对文化遗产中空间的感知》中对视障人士在文化空间内的感知进行了研究，探索如何让视障人士不仅仅通过视觉来感知文化空间[45]。

IleanaRotaru 等（2010）在《后现代范式——当今媒体对文化空间影响的框架》中分析了当代日常生活中新媒体和虚拟空间的使用情况，以及当今媒体对文化、社会和人类空间的影响[46]。

Dikshit SarmaBhagabati（2021）在《杜松的舞蹈：来自布罗帕文化表演的表演空间的笔记》中探讨了布罗帕文化表演领域中的形式建构模式，有地域特点的地形构成了举办表演活动的舞台。这个空间的结构构成主要借鉴了一些基本的美学和表演元素，中心策略、自然符号和各种演讲者和听众角色，在仪式和非仪式领域开展表演活动，无形中形成了表演的空间[47]。以上学者主要是从精神及社会空间载体层面来展开研究。

2.1.2 国内非物质文化遗产与其传承空间环境保护理论的发展历程及综述

2.1.2.1 我国非物质文化遗产保护的发展历程及综述

1997年11月，联合国教科文组织通过了《人类口头和非物质文化遗产代表作申报书编写指南》[48]。2001年5月18日，中国昆曲艺术入选第一批"人类口头和非物质文化遗产代表作"名录。2003年11月，第32届联合国教科文组织大会上通过了《保护非物质文化遗产公约》[49]。2005年10月，在西安召开的国际古遗址理事会第15届大会通过的《西安宣言》，提出了文化遗产保护的新理念，将文化遗产的保护范围扩大到遗产周边环境（Setting）以及环境所包含的一切历史、社会、精神、习俗、经济和文化的活动。《西安宣言》指出文化遗产及其环境包含大范围、多维复杂的相互关系，包括人与自然、传统与现代、有形与无形等各种因素，这是人类对文化遗产所关联的地域的新认识，它扩展了文化遗产完整性的内涵[50]。2005年，国务院办公厅印发《关于加强我国非物质文化遗产保护工作的意见》[51]。2006年，我国开展了"文化遗产日"活动。

《非物质文化遗产概论》（王文章，2006）成为我国非物质文化遗产保护的第一部理论著作。《文化遗产报告——世界文化遗产保护运动的理论与实践》[52]（顾军，苑利，2005）;《非物质文化遗产保护国际法制研究》（李墨丝，2010）;《非物质文化遗产的知识产权保护》[53]（李秀娜，2010）分别从法律、政策、知识产权等角度探讨非物质文化遗产保护。

人类学以"文化"为核心概念，研究文化的生成、发展及其规律。非物质文化遗产是历史上形成的并在当代社会存续的传统文化形态，泰勒认为文化是一种复合体，它包括知识、信仰、艺术、法律、道德、习俗和人类作为社会成员所拥有的其他能力与习惯[54]。

《戏曲人类学初探——仪式、剧场与社群》（容世诚，2003）;《人神共舞——青海宗教祭祀舞蹈考察与研究》（曹娅丽，马盛德，2005）;《陇戛寨人的生活变迁——梭戛生态博物馆研究》（方李莉等，2010）[55]研究了苗族村寨族群的生活变迁，并对其作了完整的记录与描述，其中包括对他们艺术符号及艺术活动的记录及研究。

季诚迁在《古村落非物质文化遗产保护研究——以肇兴侗寨为个案》中对肇兴侗寨古村落中的非物质文化遗产与当地的文化生态、文化空间的关系作了细致的阐述，提出了对肇兴侗寨古村落非物质文化遗产整体性的保护。

2.1.2.2 国内建筑空间环境保护理论及发展历程——从城市到乡村的过渡

1982 年，我国开展历史文化名城保护工作，公布了第一批国家历史文化名城名单，与此同时，阮仪三负责的江南水乡古镇的调查研究及保护规划的撰写工作开始进行，为以后的村、镇保护研究积累了宝贵的经验。2000 年，通过当地政府的积极申报，安徽西递、宏村两个古村落列入了《世界遗产名录》。2002 年修订后的《中华人民共和国文物保护法》正式公布，并明确提出历史文化村镇的概念，首次将历史文化村镇保护纳入法治轨道[56]。2003 年，建设部、国家文物局《关于公布中国历史文化名镇（村）（第一批）的通知》公布了中国第一批历史文化名镇名村。2012 年，我国启动了中国传统村落调查工作，直至 2023 年初，中国历史文化名镇名村有七批、中国传统村落有六批名录产生。村镇既是我国传统聚落空间的最基本形态，也是社会的基础。传统村镇的格局和风貌对研究这一地区的文化有着重要的意义。

20 世纪 90 年代，建筑专业的专家学者对我国本土的民居建筑进行了调查研究，逐渐从专业领域的视角开始关注乡土建筑，先是从南方的古村落进行研究，逐渐转向西北地区民居，范围越来越大，然后又从建筑本身开始了对村落聚落的研究。

研究初期与其紧密相关的规划学、建筑学专业做了较多的基础研究工作，随后，越来越多的专业参与进来，比如社会学、文化学、历史学、地理学等交叉学科相结合，进行更全面的研究，相关的论文、课题及著作研究增多，越来越多的历史城镇、村庄、乡村遗产及文化被人们熟知。

赵紫伶（2018）通过对英国科茨沃尔德地区乡村环境进行调研，发现英国乡村的保护进行了不同层级及类型的保护区划定，通过制定政策来应对英国环境变化，在自然环境保护和提高生活质量中实现可持续发展[57]。姜淼等（2019）对万德村从宏观——环境格局、中观——街巷空间、微观——特色民居三个层面进行分析，提出村落空间格局、街巷及建筑风貌保护的对策[58]。戴美纳等（2020）对村落空间格局和建筑形态与地形、气候及民俗习惯等因素的关联性进行分析，研究环境因素对绍兴山地古村落在布局与形态等方面的影响以及古代匠人在古村落营建中的智慧[59]。张卓然等（2020）研究分析了环太湖不同历史时期乡村聚落的分布特征，探讨其内在影响因素与适应机制[60]。张晓敏等（2021）以满洲里中东铁路第一站历史文化街区为例，运用感性评价 SD 法进行分析，提出空间环境的优化建议[61]。宋玉姗（2021）对特色小镇的既有空间进行了调研和分析，通过共享和融合的方式对空间环境进行优化[62]。赵悟等（2021）提出了基于人性化理念的建筑室内空间环境设计方法，采用多目标混合遗传算法确定最优建筑室内空间环境设计方案[63]。

2.1.2.3 国内非物质文化遗产与其传承空间环境保护成果

1. 文化遗产的相关研究及成果

张旭（2016）的《黔东北土司文化遗产及其保护开发研究》讲述了对黔东北土司文化遗产的保护措施有区域协同保护、博物馆保护、"互联网+"保护，运用从遗产地的动态保护到静态的馆藏展示及现代化的传播方法，对黔东北土司文化遗产进行充分的保护[64]。曹晓佩（2017）的《洪坑村：世界文化遗产地的变迁与重构》以民族学的视角研究土楼建筑形式兴盛发展的背景，以及其是如何成为"世界文化遗产"的，并探究遗产在现代语境下的负面迹象和本土文化复兴的正向迹象[65]。

霍丹（2020）在《辽东古驿道文化遗产整体性保护研究》中以整体性保护理论为基础，进行多学科的本土化适应性分析和拓展研究。通过定量与定性、比较与类型研究的方法，构建了辽东古驿道文化线路多维价值综合评价体系，提出"多元文化时空叠合、多样功能系统整合、多级国土空间联动、多目标统筹协同"的整体性保护策略[66]。

曾国荣（2021）在《汉中两汉三国文化遗产时空特征与保护利用研究——基于不可移动文物的分析》中通过对汉中两汉三国不可移动文物资源的构成与价值基础的分析，对汉中两汉三国不可移动文物资源的时空特征及影响因素、保护与利用状况、保护利用模式进行了研究[67]。以上学者们对区域范围内文化遗产整体性保护进行了系统性的研究。

2. 文化空间相关的研究及成果

我国在文化空间的研究中，对物质文化遗产保护的同时，也对非物质文化遗产进行积极的保护。乌丙安在2007年提出了"凡是按照民间约定俗成的古时间和固定的场所举行传统的大型综合性的民间文化活动，就是非物质文化遗产的文化空间形式。有了这样的理解，就会自然而然地发现，遍布在我国各地各民族的传统节庆活动、庙会、歌会（或花儿会、歌墟、赶坳之类）、集市（巴扎）等，都是最具典型的具有各民族特色的文化空间"[68]。向云驹在《论"文化空间"》中阐述了人类学意义上的文化空间，人类学的"文化空间"既有一定物化的形式，例如可见的地点、建筑、场所、器物等，也有人类的周期性行为、聚会、演示在其中，而正是这种时令性、周期性、季节性、时间性的文化扮演和重复反复，才构成了人类学意义上的文化空间[69]。因此，文化空间的研究也应当从人类学的视角展开，对于文化空间的研究会更加充实。在我国非物质文化遗产保护相关的规定、政策及法规中，都没有出现"文化空间"这一专有名词，在《中华人民共和国非物质文化遗产法》中，也只是出现了与传统文化表现形式相关的空间场所这一描述，文化空间这一人类学概念，包含了非物质和物质两大类，从类型上属于非物质文化遗产的组成部分，具有从属关系[70]。李湞等（2007）通过情景再生、景观重塑的方法对文化空间保护的可行性进行探讨[71]。邓巍等（2014）对工业遗产的文化类型进行空间整合，对6个工业文化主题系列空间的共同叠加，形成在空间、文化上相互关联的工业遗产主题空间网络体系与结构[72]。陈桂波等（2016）认为文化空间是非遗生存、发展及传承的空间，不仅要保护非遗，还要保护其生存的文化空间[73]。陈富祥（2016）从与非遗有机联系的"村落文化""活态文化""文化空间"三个层面入手，结合甘南藏族自治州农牧区实际，从理论和实践两个向度，探讨非遗保护中的作用和张力[74]。

白佩芳（2014）的《晋中传统村落信仰文化空间研究》中对晋中地区的信仰文化空间的布局、类型、特征、保护传承等问题进行研究，提出三种信仰文化空间保护和发展模式[75]。

庞伟（2017）在《入藏旅游者宗教文化空间认同研究》中以入藏旅游者为研究的切入点，对宗教文化空间进行历时性和共时性的分析。郑九良（2019）对非遗旅游区的文化空间特征、关系进行分析，提出了非遗旅游区文化空间的生产模式[76]。陈蜀西（2021）在《现代语境下安仁镇公共文化空间流变研究》中对安仁镇的公共文化空间流变方面进行了研究。

徐宁、谢郑伟、杨艺、王艳春、陈震、李卓等都对不同地域非物质文化遗产的文化空间保护进行了研究。章慧明、李凌、桂莹等对村落的历史文化街区类的文化空间保护进行了研究。以上学者以村落作为非物质文化遗产的传承空间载体，对非物质文化遗产与村落的保护研究给出了不同的策略及保护模式。

3. 非物质文化遗产与传承空间环境的保护研究成果

季诚迁（2011）在《古村落非物质文化遗产保护研究——以肇兴侗寨为个案》中将古村落与非物质文化遗产相结合，从文化空间的角度研究侗寨古村落与非物质文化遗产相互依存的关系，通过对文化空间与非物质文化遗产关系的研究产生新的认识，从而形成古村落文化空间的整体性认识，分析古村落的现实境遇与非物质文化遗产之间的内在关系，探索古村落非物质文化遗产保护的合理途径。以肇兴侗寨为个案，提出切实可行的古村落非物质文化遗产整体性保护措施[77]。

张鸽娟（2011）以新农村建设出现的问题为切入点，研究如何在发展新农村的情况下保护陕南的传统文化，研究在新农村建设的几种模式下文化保护的不同策略。

李银兵（2014）在《文化遗产的传承空间》中对文化遗产传承的物理空间和社会空间进行了界定，并提出了这两个空间对非物质文化遗产的重要性，两者应该有机结合，对我国文化遗产的保护有较大的帮助[78]。

钟艳等（2014）在《九江城区古树名木生存空间及文化传承空间保护研究》一文中对九江城区古树名木的生长状况、空间分布特征与历史文化特质进行了分析，并对九江古树名木生存及文化空间的保护给出了具体实施策略[79]。

武欣（2017）对非物质文化遗产与徽州传统村落的关系进行了深入研究，并运用文化生态学的理论，分析了村落的历史变迁和自然生态，对徽州传统村落的生态性保护提出了可行性方案。

4. 榆中县非物质文化遗产与传承空间环境保护相关的研究成果

何瀚《青城高氏祠堂考析》主要对青城古镇高氏祠堂的历史、文化等几个方面进行考证及分析。孟祥武、叶明辉（2009）的《西北古民居建筑的活化石——兰州市青城古镇民居研究》[80]对青城民居的基本形态、院落布局及结构特点进行了分析。毕鲁瑶（2015）对青城古镇的防御文化、商贸文化、耕读文化、移民文化进行分析，提出保护文化特色的设想。任贵（2008）在对兰州院落的研究中，具体举例对"旗杆大院"进行了详细的院落布局、空间功能、民居特征等分析。李全武对青城古镇的城隍庙、高氏祠堂及民居院落的特征进行了详细描述，并对古建筑的细部装饰进行了分析。

王丹玲（2007）对青城古建筑装饰的工艺类型、表现内容、表现形式、民俗文化观进行了细致的分析研究，最后对青城古建筑的具体案例进行了分析。王晓鹤（2009）对七月官神的活动内容、活动路线，以及音乐中的乐、歌、舞进行调研分析，阐述七月官神的文化多元性特征。贾晓龙（2011）研究了兴隆山道教的形成与发展、宫观的艺术特征、道教流派以及六月六庙会活动。石金蕊（2014）对马衔山秧歌的文化背景、艺术特征展开分析，对马衔山秧歌的传承与发展提出研究计划。吴傲蕾（2016）的《文化营造视角下兰州青城古镇保护与更新改造研究》[81]是以文化视角对青城古镇更新改造策略展开研究，分别从文化特征、物质环境和非物质环境、文化经营与管理三个方面研究改造策略。郭兴华（2016）的《文化多样性视角下的青城历史文化名镇保护研究》[82]对青城镇历史文化信息进行详细的陈述，然后分析青城古镇的多样性以及现实存在的问题，从而提出保护规划策略。马景霞（2018）的《兰州青城古镇游憩空间布局调适研究》[83]对青城游憩空间从发展、功能价值、特征进行了阐述，然后对游憩空间的类型进行划分，对游憩空间的分布特征以及新增的游憩空间进行调研分析，以此寻找古镇游憩空间调试的路径与方法。

纵观以上研究，我国非物质文化遗产结合传承空间环境的保护研究还是比较缺乏的，传承文化空间是多视角、多维度的。文化遗产的传承，需要我们将多种元素结合起来，为文化遗产的研究提供新的视角，为非物质文化遗产保护提供可实施的路径和理念。榆中县的研究主要是对历史文化名镇青城镇的古建筑装饰、建筑空间个体、历史文化遗产以及古镇空间的分析及保护进行探索，非物质文化遗产主要对七月官神和马衔山秧歌、兴隆山庙会的文化价值进行分析研究。没有针对非物质文化遗产与其传承空间环境整体性的研究，因此在研究方面有完善的意义。

2.2 适应性理论方法在不同学科专业领域的应用

"适应"运用在不同的场合，在我国古代文字中"适"与"应"的用法是分开的，"适应"作为一个复合词是近代才有的。《康熙字典》中"适"与"应"是有较多字义的词，"适，往也""应，受也"等[84]，在《易·恒》中就有"龚而动，刚柔皆应"之说，其中"应"就是被动地回应。由此可见，"适"为主动词，"应"为被动词，两个字构成的复合词正是隐藏着一个主动与被动的过程[85]。"适应性"一词最早源自拉丁文 adapto，最初是指适应环境变化的过程，在生命科学中具有重要的意义[86]。后来，"适应性"概念被运用在不同的学科（图 2.1）。

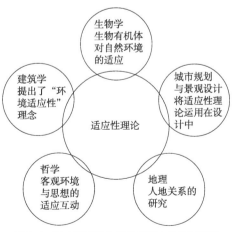

图 2.1 适应性理论在相关学科中的发展过程
（来源：作者自绘）

2.2.1 生物学的"适者生存"观

达尔文所说的适应,也就是指有机体和环境之间的相互关系是协调的。这一点说明环境的适应性同有机体的进化过程中产生的适应,同样是十分重要的成分[87, 88]。在《物种起源》中,达尔文阐述了他的进化论,生物与环境的适应是相互的,而这种适应性也是相对而言,因为环境是动态变化的,二者中环境对生物的影响会更多。赫伯特·斯宾塞将生物与环境的适应理论引入了社会学中,后来"适者生存"成为进化论的核心理论。

朱利安·斯图尔德在 20 世纪中期提出了"文化生态学说",认为文化之间实质性的不同是由文化与其生态环境互动的特殊适应过程而造成的[89]。

伊恩·伦诺克斯·麦克哈格的《设计结合自然》中提到:环境的适应性是由水、碳酸、碳化合物、氢以及海洋等具有独特的或近乎独特的种种性质特征组成的一个最大的系统。它是如此巨大,如此多样。在与这一问题有关的所有事物中,它显得如此接近于完满,以至于它们结合在一起形成了最大可能的适应性。再也没有别的元素构成的环境,或者说缺少水或碳酸的环境,能具有如此巨大的适应特征,或者说在任何情况下,具有如此巨大的适应能力,能提高事物的复杂性、持久性,并在我们称之为"生命"的有机体内促进积极的新陈代谢[90]。

通过适者生存的法则,一切生物之间,生物与其自然生活条件之间的相互适应关系,一定会无限制地向着更完美、更复杂的方向发展变化[91](图 2.2)。

图2.2 达尔文进化论中生物的适应性演进过程
(来源:维基百科)

美国古生物学家 H.F. 奥斯本提出,将生物随外界环境条件改变自身特征的适应方式进行了不同"适应性"的划分,认为同一类生物在不同环境的发展过程中分化为多种不同类型的现象也是生命体适应环境的重要证明,并由此提出了与

"适应性"相关的"适应扩散"的概念。美国生物学家劳伦斯·亨德尔森在《环境的适应》一书中提出：适应是"有机体"在发展过程中与自然之间相互协调的过程[92]（图2.3）。

（a）变色龙 　　　　　　　　　　　　　　　　　　（b）竹节虫

图2.3　动物为适应环境做出的变化
（来源：维基百科）

2.2.2　中外哲学观中的"适应性"思想

2.2.2.1　"唯变所适"的中国哲学观

唯变所适，其核心理念是一切以客观实际为依归。也就是说，唯有因时而变才能适应客观实际需要[93]。天地万物永远在相互影响和变化，人们想要更好地生存和发展，需要不断地适应这些变化。《易传》通过对宇宙大自然的阴阳刚柔动静等变化的阐释，对宇宙变化无穷的法则性，变易为不易，复杂而简易的规律性作了详细的讨论，认为宇宙万物都是于变化中生成与发展，于反复中保持统一与和谐[94]。能知变，应变，适应，促使人类社会的发展向上。

2.2.2.2　皮亚杰的"适应认识论"

《发生认识论原理》一书是瑞士心理学家和哲学家让·皮亚杰在1970年出版的一本理论性著作，较集中、系统地阐述了关于应变的认识论，发生认识论的第一个特点是研究各种认识的起源，第二个特点是跨专业性质。要从根本上否定先天认识力的存在，就要对人类原始预先存在的结构作出生物学的说明。此外，推动认识结构发展的核心是格局，而只有人的自我调节系统才能使原有的格局不断改变和创新，适应外界环境，达到平衡状态[95]。让·皮亚杰认为，适应包括两个方向，一个方向是在适应的过程中起主导，同化周围环境；另一方向是通过调节自己使其与周围环境适应，使两者均能适应，不断发展。

2.2.3 "适应观"在地理学界的发展

19 世纪末"适应性"概念在生物学界提出后，地理学界也在研究中认识到了人类分布及其活动与其生存环境之间的相互适应关系，于是适应性的概念从生物学引入了地理学与生态学等学科中，用于研究人类活动、分布与自然环境之间的关系，逐渐发展形成了系统的地理学适应论观点。1923 年，美国地理学家 H.H. 巴罗斯发表文章，提出"生态调节论"（Ecological Adjustment）观点，主张地理学应当致力于人类对自然环境反应方面的研究，分析人类活动及其分布与其所处环境之间的关系，从而以适应论的视角开创了"人类生态学"（Human Ecology）的研究视野[96]。

英国地理学家罗士培在法国地理学派"可能论"（Possibility Theory）的影响下，提出了"适应论"，他认为："人类活动与自然环境之间存在互相作用与协调的关系"[97]。"适应论"的观点得到了大家的认同，成为后来的"人文地理说"，主要用于研究人地关系。

2.2.4 城市规划学与景观学中的有机适应论

适应性理论在生物学、地理学、哲学等领域中被广泛应用，随后也应用于城市规划学与景观学等相关学科领域。

麦克哈格的著作《设计结合自然》一书中提出："他不仅从生态学外部的有利地位来观察所有的自然和人的活动，还作为一个参加者和一个行动者从内部来考察这个世界，他为冷漠的、枯燥的和黯然无色的科学世界作出了贡献""并且用需要特别的才能和技术以及优越的判断力才能完成的具体实例说明这门新的学科如何可以和必须应用到实际环境中去"[98]。

2.2.5 "适应性"在建筑学中的应用

建筑学的适应性是在 20 世纪中期产生的，提出了建筑与自然环境、社会、人的关系相协调发展。适应性的概念进入建筑学领域，是以生态建筑的思想理念为前提，逐步从建筑单体扩展到建筑的周边环境。不同区域的建筑为了适应不同环境，形成了多类型的建筑形制及特征。而建筑本身随着环境的变化也在发生变化，这个环境包括自然、人文、经济等因素。麦克哈格在景观学中提到景观与环境的相互适应，这种相互共生的现象在很多学科中存在。建筑的适应性也是建筑与环境相互适应、互相发生作用的现象。当环境因为天气、自然灾害等发生变化时，建筑也会通过调整来适应环境的变化。然而，环境的变化不只是负面的消极变化，当环境向好的方向发展时，建筑也会为了适应而变化，促进其更好地发展。因此，建筑适应的角度、方向是多个维度的，也是多元化的。

凯文·林奇在1958年提出了"环境适应性"理念，从此环境适应性的各类实践在建筑领域展开研究。拉普卜特的《宅形与文化》中对乡土建筑形式的形成和演变作了系统性归纳，他认为"宅形不能被简单地归纳总结为物质影响力的结果，也不是任何单一要素所能决定的"[99, 100]。他提出"社会文化因素"是除了物质因素外极为重要的作用力。他的研究将建筑学拓展到文化人类学等领域，为环境适应性增添了新的内涵[101]。

约翰·H.霍兰在《隐秩序》中指出建筑的适应性是其形态和所处环境互动的一种关系[102]。中国工程院院士王建国先生在《回归建筑本质，解析建筑适应性——王建国院士访谈》中指出，人类之力与自然之力良好的并存关系是建筑的适应性[103]。赫瑞–瓦特大学的詹姆斯·道格拉斯教授在《建筑适应性》中指出：适应是更新建筑的功能、性能、容量，以使其适应新的环境、需求[104]。图尔特·布兰特在《建筑如何学习》中讲述了建筑如何适应环境（包括功能）而变化。建筑的相对永久性和其使用功能的暂时性决定了这种适应性是建筑必备的属性[105]。

建筑在不同的地域其特征非常明显，这些特征都是建筑在不同地域环境下存在的适应性体现。一些历史建筑为适应环境，通过依地形而建、改善空间和建筑结构等方式，营造居住环境。目前，智慧建筑也是建筑设计的方向，为的是通过保留当地人们的生活方式、集体记忆、居民的需求等，为居住者提供更人性化的建筑环境（表2.2）。

适应性理论的总结（来源：作者自制）　　　　表2.2

学科	时间	代表人物	相关内容
生物学	1859年	查尔斯·罗伯特·达尔文	提出"进化论"观点
	1864年	赫伯特·斯宾塞	提出"适者生存"概念
	1894年	H.F.奥斯本	对"适应性"进行划分
	1913年	罗伦斯·亨德尔森	明确"适应性"的概念
地理学	1923年	H.H.巴罗斯	以适应论的视角开创了"人类生态学"
	1930年	P.M.罗士培	在地理学中提出"适应论"
哲学	1970年	让·皮亚杰	适应观基础上的哲学认识论
城市规划学	1915年	帕特里克·盖迪斯	提出"人与环境相互适应"的观点
	1942年	伊利尔·沙里宁	提出"有机疏散"论

学科	时间	代表人物	相关内容
城市规划学	1960年	黑川纪章	提出"新陈代谢"论
	1969年	阿摩斯·拉普卜特	拓展适应性在各学科中的作用
	1969年	伊恩·伦诺克斯·麦克哈格	将适应性理论引入景观与城市所涉及的领域
建筑学	1958年	凯文·林奇	提出了"环境适应性"理念

2.2.6 非物质文化遗产与其传承空间环境相互适应的理论及成果研究

文化生态学、人类聚居学、文化社会学及环境行为学理论中都提出了文化适应环境的概念，并从不同的角度阐述文化与环境之间相互适应的关系。

2.2.6.1 文化生态学

生态学主要是指"对环境的适应"。自达尔文时代以后，环境被视为一个生命之网，在这个网内所有动植物都彼此互联，与特定环境的自然特征相互作用、相互影响，生物学上"生态"的含义是指有机体与其环境的关系[106]。而"适应性互动"这一概念常用来解释在进化过程中基因型（Genotypes）的起源，以及表现形式（Phenotypical）的变异，还可以借助竞争、继承、顶峰、梯度以及其他概念解释这个生命之网[107]。

文化生态学是以人类在创造文化的过程中与天然环境及人造环境的相互关系为对象的一门科学，其使命是把握文化生成与文化环境的内在联系[108]。美国文化人类学新进化学派著名学者斯图尔德于1955年在其理论著作《文化变迁理论：多线性变革的方法》中首次明确提出"文化生态学"的观点[109]。书中研究了自然与人类的相互适应，试图了解人类是如何适应环境以及长期适应的过程。书中还提到人类是一种有教养的动物，体质上受到相关文化活动的影响，其进化与文化的兴起密切相关，住所、衣物、工具、新食物这些生存必需品，在文化发展的过程中起到非常重要的作用。社会习俗因素也对社会群体以及特定区域内人口的分化起到至关重要的作用。

20世纪60年代末，R.M.内廷的《尼日利亚的山地农民》（1968），罗伊·A.拉帕波特的《献给祖先的猪：新几内亚一个民族的生态礼仪》（1968）和J.贝内特的《北方平原居民》（1969）三部重要的文化生态学著作问世[110]，文化生态学理论趋于成熟。

在国内，文化生态学的引进和研究还处于初级阶段，冯天瑜在《文化生态学论纲》一文中提出"文化生态学是文化学与生态学结合的产物，人类文化生态包括自然环境、经济环境和社会组织环境三个层次"。江金波认为斯图尔德发现了文化与环境的关系，对人类社会具有重要的指导意义，指出斯图尔德基于特定环境下将特定行为模式关系作为文化生态学研究，较以前的社会生态学和人类生态学都有很大的进步，但他将社会文化变迁看作环境单因素的线性结果是极为片面的[111]。众多学者不断地探索研究，为文化生态学的理论提供了更多依据。

文化如何适应环境是我们在文化生态学理论中主要需要了解的内容。物质环境与人之间也需要有联系的纽带，这个纽带可以是他们关系逐渐亲密产生的行为模式、习惯等，这些元素形成了文化，它随着物质环境的变化也在进行自我调节。物质环境推动了人类从事一些活动，但同时也阻碍一些活动[112]。文化生态学认为，人类是环境中的一部分，人类在环境中生存，构成了聚落，建立了文化层，它们相互作用、相互影响，构成了共生的环境，在慢慢地发展过程中，形成了特有的文化，环境与环境之间也相互融合，形成了更复杂的共生环境。如果只是仅考虑居住模式、人口、社会关系结构等文化因素，就不能掌握它们之间的关系以及与环境的联系，只有将这些因素都联系在一起，才能系统地研究这些因素起到的作用，发现文化与环境相互影响、相互制约的模式。

2.2.6.2 人类聚居学理论中的观点

自古以来，说到建筑，都会与环境有着密不可分的联系。远古时期，人们选择将穴居作为"遮挡风雨，抵御寒冷"的场所，后来逐渐发展成早期木架结构的简单房屋。人们的聚居地通常是在自然条件的制约下形成的，在五千多年以前新石器时代的聚居地半坡、姜寨，选址在适宜人们居住的自然环境，这是早期的聚落形态。"Settlement"一词一般译为"聚落"，指聚居地或村落，包括城镇，我们译为"聚居"，意取《汉书·沟洫志》中："稍筑室宅，遂成聚落"及《史记·五帝记》中："一年而所居成聚"，聚居是人类居住活动的现象、过程和形态[113]。建筑总是或多或少地带有聚落的特征，也必须把建筑放在聚落中去考虑。城乡聚落是建筑和各种构筑物的集合。20世纪50年代末60年代初期，道萨迪亚斯提出人类聚居学概念，他将人类聚居分为自然、人、社会、建筑、支撑网络五大元素（图2.4）。聚居学是一门涉及建筑学、人类学、社会

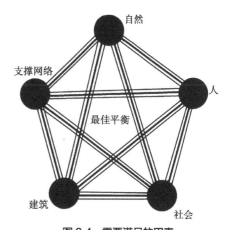

图2.4 需要满足的因素

（来源：Anthropopolis City for Hunman Development）

学等综合类的学科，需要多角度研究聚居现象。在人类聚居学思想的影响下，吴良镛院士通过对道萨迪亚斯人类聚居学的深入研究，完成了适应中国国情的《人居环境科学导论》。1986 年，清华大学的章肖明在道萨迪亚斯人类聚居学资料的基础上，完成了《道萨迪亚斯人类聚居学介绍》的硕士论文。1996 年，北京召开"特大城市及其地区"国际学术讨论会。

2.2.6.3　文化社会学

美国学者人类学家莱斯利·怀特认为，文化是特定的动物机体用来调适自身与外界环境明确而具体的机制，其中文化适应反映了文化生物性和文化功能的基本概念，它是指文化对环境的适应，也指文化的各个部分之间的相互适应；"每一种文化都是不同的，因为他们要适应特定的环境条件，包括自然条件和社会条件" [114, 115]。文化融入我们的生活中，是我们生活不可或缺的一部分。从大环境来看，人们过着群居生活，在漫长的群居聚落生活中，产生的文化由这个聚落创造；从小环境来看，个人的行动以及日常生活中形成了自己的生活文化，从日常生活的行为中我们可以看出这一区域的社会结构特征，也能发现聚落与个体生活的不同特征，这些看似平常的日常生活、工作、人与人之间的交往以及所处的环境，形成了丰富的文化氛围，长期积累的行为习惯、传统文化等也成了其精神内涵。而这些又通过文化传承的各种手段自然地渗透到一代又一代的生活之中，成为经久不衰的主题，对一个以关注文化主体及其行动与意义的学科而言，文化社会学自然应将焦点置于文化主体的日常生活情境中去 [116]。

2.2.6.4　环境行为学

任何行为都是在一定的物质环境中产生的，此特定的物质环境或多或少都对人的行为有一定的影响，人的行为都有一定的目的性，人显然要考虑物质环境适不适合于他的行为，如果不适合，那么他不是改造这个环境，就是转换到他认为合适的环境中去。因此，一定的行为模式重复地发生在一定的地点，则这一地点的物质环境必然有适合于这一行为的因素或其他的社会原因 [117]。

这个论点很合理地解释了非物质文化遗产与其传承空间环境的相互适应，我们现在都明白非物质文化遗产与其所处的空间环境有着共生关系，在历史发展的长河中，它们之间经历过或多或少的相互适应，才留存至今。其中，除去很多客观的因素，使它们彼此适应且最后留存下来的重要的一点就是这种能够达成共生的关系。接下来，笔者想要探讨的其中一点是在面对复杂的外部环境时，如何良好地维系这种关系，达到彼此间互相适应，共同面对长远的未来（图 2.5）。

张鸽娟（2011）等对传统村落环境与非物质文化遗产的关系进行了阐述，得

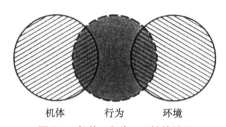

机体　　行为　　环境

图 2.5　机体、行为、环境的关系
（来源：李道增.环境行为学概论 [M].北京：清华大学出版社，1999.）

出两者是互为场景、互利共生的关系。王伟（2011）对韩城的非物质文化遗产与建筑环境关系进行了多方面、多角度的深入研究。陈媛媛（2013）对西安非物质文化遗产与空间环境的关系进行了调研和文献考证，提出共生保护模式。谷娟等（2016）对黄龙客家古村落民间信仰与村落环境的关系进行解析，挖掘村落内地形、水文、道路等因素与信仰空间点之间的复杂关系，以及分布在不同土楼民居中神明空间的共同规律和独特布置 [118]。赵英、曲亚琳、郭艳敏、梁剑、姜楠、谷秋琳、闫飞、李洋等都从微观层面对非物质文化遗产与建筑环境的关系进行了研究。

2.3　适应性保护的理论基础与实践论证

2.3.1　可持续发展的适应性保护基础

世界从来没有停止过前进，1989 年联合国发表的题为《我们共同的未来》的调查报告中提出：我们的发展要保持公平性、持续性和共同性 [119]。1999 年在北京召开的第 20 次世界建筑师大会指出"走可持续发展之路必将带来新的建筑运动，促进建筑科学的进步和建筑艺术的创造"，并通过《北京宪章》等 [120]。可见，重视人居环境可持续发展是一个世界性的行动，我国也已制定《中国 21 世纪议程》，将可持续发展作为基本国策之一 [121]。

可持续发展（Sustainable Development）是 20 世纪 80 年代提出的一个新概念，可持续发展是指："既满足当代人的需求，又不损害子孙后代满足其需求能力的发展" [122]。该定义体现以下原则：①公平性原则：包括代内公平、代际公平和公平分配有限资源；②持续性原则：即人类的经济和社会发展不能超越资源和环境的承载能力；③共同性原则：指由于地球的整体性和相互依存性，某个国家不可能独立实现其本国的可持续发展，可持续发展是全球发展的总目标 [123]。在保护珍贵的遗产资源的同时，必须协调好保护与开发的关系，以及涉及各方利益的关系，不可以以牺牲居民权利来换取另一方利益。

可持续发展理论有三个基本特征：第一，可持续发展带动经济的增长，经济增长是可持续发展的重要前提，二者之间是互相带动的关系。第二，可持续发展中重要的一点是生态环境的良好发展，保护好自然资源和能源，是生态可持续的基础。第三，社会进步是可持续发展的根本目标。可持续发展理念还强调提升人类生活质量和健康水平，强调经济发展是前提，生态保护是条件，社会共同进步才是目的[124]。在保护非物质文化遗产与其传承空间环境的时候，需要与时俱进，考虑其未来长远的发展，制定合理的适应措施，增强非物质文化遗产与其传承空间环境在社会发展过程中的适应能力，减少各种变化对其产生的不利影响，这些对可持续发展的实施都有十分重要的作用。

2.3.2　有机更新理论在村镇发展中的借鉴

有机更新理论的运用在我国比较晚，刚开始是在北京旧城和菊儿胡同的项目中，后来学者们在街区、旧城改造中运用，逐渐地在一些古镇、村落的保护中用到了有机更新的理论。

清华大学王路教授（1999）的《农村建筑传统村落的保护与更新——德国村落更新规划的启示》[125]，对德国的村庄更新规划经验和不足进行了总结，将更新理论与乡村研究结合在一起，对我国村落的更新发展有着一定的借鉴意义。王竹教授（2015）在《乡村人居环境有机更新理念与策略》中通过对乡村的现实问题进行分析，以有机更新理论建立"新与旧"的共存机制。

时代不断地前进，新的更替旧的，城市、村镇的结构、人们的生活印记被保留下来，成为文化的历史。相较于城市的旧有部分，新的部分不仅数量更多，还在与日俱增。"如果说历史文物的生命力在于它永恒的历史文化艺术价值，那么新时代的建筑美应当是更有活力的建筑，它应当是继往开来，既满足新的生活要求，又是历史文脉的继承，反映出新时代对建筑文化艺术的新追求，是一种欣欣向荣的时代之美"[126]。

城镇中有着古老的东西，但每年每月都在不断地产生新的建筑与设施，今天的新事物，若干年后又成为陈迹，随着时间的洗练，有些遗存又成了具有一定历史价值的标志，城市永远处在不断地新旧交替之中，外观上也是古今并存的，基本上是由属于不同时期、不同地区、不同风貌而构成的，反映了该地区的历史文化和时代特征[127]。城市的"有机更新"理论也逐步运用到乡村中去。兰德蔡特说过："乡村与城市就像蛋黄与蛋白，两者不可分离，但各有所用"[128, 129]。

乡村有着独特的自然风貌，我们应该保护富有独特个性的传统村落。但是由于现代化的推进，农业的科技化、产业结构的调整，一方面在帮助农村经济发展、解放劳动力，另一方面也给乡村带来了许多负面影响，比如大量的土地被占用、人口流失严重、生态环境遭到破坏，越来越多的乡村出现城市化的风貌，这对村落的长远发展是没有好处的。失去原有文化特色，文化记忆逐渐消退，村落变成了没有精神内涵的躯壳。因此，用有机更新的方法研究乡村非物质文化遗产与其传承空间环境保护和发展，可以引导并促进其健康持续地发展。

2.3.3 适应性保护相关的研究综述

目前，国内外关于非物质文化遗产及其传承空间环境的适应性保护成果较少，或以非物质文化遗产为研究对象，或以传承空间为研究对象，或以它们之间的关系为研究视角。目前学界对适应性保护的研究还处于初级阶段。其中，宋绍杭等（2011）在对青街畲族乡的空间保护规划中，考虑优化居民生活空间，提高居民的生活质量。保护历史文化名村不是保存不可再生的历史文化，而是要营建适合现代生活的多元化人居环境[130]。

巴彦（2008）以巴蜀古镇为例，从宏观、中观、微观的角度整合巴蜀地区的古镇历史文化遗产，通过对巴蜀古镇的制度环境研究，提出巴蜀古镇的整体性保护策略。

王中德（2010）的《西南山地城市公共空间规划设计的适应性理论与方法研究》，以西南山地城市的公共空间为研究对象，探索西南山地城市公共空间的适应性规划体系，建立西南山地城市公共空间发展的适应性规划对策以及组织运行机制[131]。

余军（2012）在《贵州民族村镇的适应性类型保护研究——以青岩古镇为例》一文中融入"人居环境科学"的方法，对贵州民族村镇实施"类型保存"的适应性保护技术策略[132]。

肖哲涛（2013）在《山水城市视野下秦岭北麓（西安段）适应性保护模式及规划策略研究》中对秦岭北麓的生态环境现状问题进行了深入的剖析，构建适应性保护模式，以及适应性保护的政策及管控措施[133]。

周婷（2014）在《湘西土家族建筑演变的适应性机制研究——以永顺为例》对湘西土家族建筑的适应性及适应性演变以及适应性机制三个方面进行了研究[134]。

张鹏（2015）在《风土建筑遗产适应性保护与利用——〈平遥古城传统民居保护修缮及环境治理导则〉创新性研究》中给出了适应性功能的建筑以及适应当地生活需求的空间改造模式[135]。

曹珂（2016）在《山地城市设计的地域适应性理论与方法研究》中以"山地城市设计的地域适应性理论"为核心，提出契合地形的山地城镇适应性设计方法、兼顾环境的山地城镇适应性设计方法与传承文脉的山地城镇适应性设计方法三种适应性方法的实践论证[136]。

赵晗钰等（2016）在《基于村落重生的乡村旅游建设适应性设计探讨》一文中运用建筑工业研究领域中的"适应性设计"概念，提出乡村建设的"适应性设计"策略，通过探讨"如何取舍"及"适应性设计的分析步骤"，并借鉴国内外的优秀案例，提炼出具体的解决策略与适应性设计原则[137]。

李和平（2016）在《山地历史文化街区保护规划的山地适应性方法研究》中从空间格局、空间肌理、保护范围、建筑高度四个方面提炼山地型历史文化街区的适应性保护措施[138]。

李杰林等（2020）在《晋中地区传统村落营建过程中的自然生态适应性研究——以榆次后沟村为例》中对传统村落选址布局的自然生态适应性、村落内部景观结构的自然生态适应性以及村落建筑空间的生态适应性进行分析，最后对后沟古村的生态适应性提出策略和建设启示[139]。

顾大冶等（2020）在《"非典型名城"历史建筑价值评估与适应性保护研究》中以合肥市为研究对象，在开展中心城区历史建筑普查工作的基础上，构建合肥市历史建筑价值综合评价体系，提出"非典型名城"特征下历史建筑适应性保护的模式[140]。

刘歆等（2020）在《意大利伊夫雷亚工业遗产区域适应性保护策略》中基于对意大利伊夫雷亚工业遗产的价值剖析、适应性保护策略的解读，探究工业遗产适应性保护的启示和借鉴[141]。

肖洪未等（2022）在《文化景观视角下大都市边缘区历史文化村镇聚落适应性保护研究——以重庆龙兴古镇为例》中运用了文化景观的理论，结合实例探索大都市边缘区历史文化村镇的适应性保护方法。从景观格局、保护圈层、景观廊道、绿色开放空间、场所精神层面探索了适应性保护策略[142]。

2.3.4　适应性保护在本书中的应用

适应性保护现在广泛应用在各个学科领域，本书主要是从非物质文化遗产与其传承空间环境的保护视角展开研究，分析目前非物质文化遗产与其传承空间环境普遍面临的一些问题，并针对榆中县目前的现实问题，从发展的角度，在解决现有问题的同时不破坏非物质文化遗产以及非物质文化遗产的相关空间，以此提出适应性保护方法。

适应性保护方法的提出，意味着非物质文化遗产与其传承空间环境的保护需要朝着发展的方向。从人居环境的角度出发，改善当地的生活环境；从文化适应性的角度出发，增强文化的多元化发展，达到非物质文化遗产与其传承空间环境的相互适应、共同发展的目的。

根据本书的研究路径，首先，是从不同的层面对适应性保护的应用，从宏观层面探讨非物质文化遗产与榆中县域整体的空间保护，从中观层面探讨非物质文化遗产与其镇域、村域空间的保护，从微观层面探讨非物质文化遗产与其建筑空间的保护。其次，是针对不同类型的非物质文化遗产及非物质文化遗产的相关空间，提出具体的适应性保护方案。

2.4　小结

本章首先对非物质文化遗产与其传承空间环境相关的概念进行梳理，分别确定了本书中"传承空间环境"所指的范围。对国内外非物质文化遗产和传承空间环境的保护理论、发展历程及研究成果进行了梳理，从现有的研究成果中看，榆中县的非物质文化遗产与其传承空间环境的相关研究缺乏，有对其完善的必要。

"适应"是一个应用广泛的概念，被广泛地应用于各个领域，中外在哲学领域都对"适应"有着不同的认识。"适应"被应用于与建筑学相关的地理学、城市规划学与景观学中。从中外"适应性"的哲学观，到如今的可持续发展，适应性的概念会不断地适用于各个领域，且更加完善。

文化生态学、人类聚居学、文化社会学及环境行为学理论中都提出了文化与环境的相互适应，文化生态学主要是指文化对环境的适应。文化本身并不是一成不变的，它可以随着物质条件的变化而作出调适与修正。反过来，物质环境允许人类从事一些活动，它们相互影响、相互作用，存在一种共生关系。人类聚居学理论中提出建筑总是或多或少地带有聚落的特征，建筑也必须放在聚落中去考虑，从建筑与环境的角度研究二者之间的关系。文化社会学理论提出了文化对环境的适应，以及文化的各个部分之间的相互适应。环境行为学理论提到任何行为都是在一定的物质环境中产生的。

本书中非物质文化遗产与其传承空间环境的适应性保护以可持续发展和有机更新为基础和方向，遵从可持续发展和有机更新的原则，研究乡村非物质文化遗产与其传承空间环境保护和更新发展，以引导并促进其健康持续地发展。

参考文献

[1] 戴彦.巴蜀古镇历史文化遗产适应性保护研究 [D].重庆：重庆大学，2008.

[2] 王文章.非物质文化遗产概论 [M].北京：文化艺术出版社，2006：52.

[3] 熊莹.基于梅山非物质文化传承的乡村建筑环境研究 [D].长沙：湖南大学，2014.

[4] 陆地.对原真性的另一种解读——《圣安东尼奥宣言》介译.建筑师，2009（2）：48.

[5] 谢宏忠.基于文化多样性视野的大学生价值观导向研究 [D].福州：福建师范大学，2010.

[6] 吕建昌，廖菲.非物质文化遗产概念的国际认同——兼谈口头和非物质遗产的法律地位 [J].中国博物馆，2006，3（1）：10.

[7] María Josédel Barrio，1MaríaDevesa，Luis CésarHerrero[J]. City，Culture and Society，2012，3（4）：235-244.

[8] ANNETTE B.Fromm. Ethnographic museums and Intangible Cultural Heritage return to our roots[J]. Journal of Marine and Island Cultures，2016，5（2）：89-94.

[9] TAN S K，TAN S H，KOK Y S，et al. Sense of place and sustainability of intangible cultural heritage–The case of George Town and Melaka[J]. Tourism Management，2018，67：376-387.

[10] AMARO A. Las leyendas cienfuegueras como componente del patrimonio intangible local：atisbos valorativos Cienfuegos legends as a component of local intangible heritage：an evaluating view[J]. Revista Universidady Sociedad，2019：31-40.

[11] MASOUDH，MORTAZAVIM，FARSANI N T. A study on tourists'tendency towards intangible cultural heritage as an attraction（case study：Isfahan，Iran）[J]. City，Culture and Society，2019，17：54-60.

[12] MELISC，CHAMBERD. The construction of intangible cultural heritage：A Foucauldian critique[J]. Annals of Tourism Research，2021（7），103206.

[13] 卜琳.中国文化遗产展示体系研究 [D].西安：西北大学，2012.

[14] 杨苏.历史·现实·价值——唐大明宫国家遗址公园殿前西区保护研究 [D].西安：西安建筑科技大学，2009.

[15] [26]朱祥贵.文化遗产保护立法基础理论研究——生态法范式的视角 [D].北京：中央民族大学，2006.

[16] 刘亚美.乡土建筑保护理论的梳理和研究 [D].昆明：昆明理工大学，2013.

[17] 蒋新然.基于城乡文化传承的环巢湖小城镇风貌特征控制规划研究 [D].安徽：合肥工业大学，2015.

[18] 王晓.后申遗时代大运河（杭州段）遗产保护问题研究——从历史地区环境"完整性"出发 [J].东南文化，2016，12（6）：22.

[19] 赵勇，等.历史文化村镇的保护与发展 [M].北京：化学工业出版社，2005：5.

[20] 赵献超.略论文化景观与我国名城保护 [J].中国名城，2017，10（10）：16.

[21] 董力.关于在历史城市的保护和发展方面加强国际合作的苏州宣言 [J].城市规划，1998，（4）：62.

[22] 陈志华.由《关于乡土建筑遗产的宪章》引起的话 [J].时代建筑，2000（3）：20-24.

[23] 齐月凤.河南文庙遗产保护和利用研究 [D].郑州：河南大学，2013.

[24] 城市文化北京宣言 [J].世界建筑，2007，7（7）：21.

[25] 王齐."村镇型"文物保护单位保护规划编制问题研究 [D].天津：天津大学，2017.

[27] 席丽莎.基于人类聚居学理论的京西传统村落研究 [D].天津：天津大学，2014.

[28] 黄明玉.文化遗产概念与价值的表述——兼论我国文物保护法的相关问题 [J].敦煌研究，2015

（3）：134-140.

[29]　吕舟.第44届世界遗产大会与《保护世界文化和自然遗产公约》的价值与意义 [J]. 自然与文化遗产，2022，7（2）：1-5.

[30]　王建波，阮仪三.作为遗产类型的文化线路——《文化线路宪章》解读 [J]. 城市规划学刊，2009（4）：89.

[31]　GreteSwensen, Gro B. Jerpåsen.Cultural heritage in suburban landscape planning: A case study in Southern Norway[J]. Landscape and Urban Planning, 2008, 87（4）：289-300.

[32]　ZUKIN S. The social production of urban cultural heritage: Identity and ecosystem on an Amsterdam shopping street[J]. City, Culture and Society, 2012, 3（4）：281-291.

[33]　Raja Norashekin Raja Othman; AmranHamzah. Interdependency of Cultural Heritage Assets in the Old Quarter, Melaka eritage City[J]. Procedia - Social and Behavioral Sciences, 2013, 105（3）：577-588.

[34]　TAWAB A, AYMAN G. The world heritage centre's approaches to the conservation of new gourna village, and the assessment of its authenticity and integrity[J]. Alexandria Engineering Journal, 2014, 53（3）：691-704.

[35]　ÜmmügülsümTer, KorayÖzcan, SedefEryiğit. Cultural heritage conservation in traditional environments: Case of Mustafapaşa（Sinasos）, Turkey. Procedia - Social and Behavioral Sciences, 2014, 140（22）：138-144.

[36]　Supoj Prompayuk, Panayu Chairattananon. Preservation of cultural Heritage community: Cases of Thailand and developed countries[J]. Procedia - Social and Behavioral Sciences, 2016, 234（31）：239-243.

[37]　OIKONOMOPOULOU E, DELEGOU E T, SAYAS J, et al. An innovative approach to the protection of cultural heritage: The case of cultural routes in Chios Island, Greece[J]. Journal of Archaeological Science: Reports, 2017（14）：742-757.

[38]　FEENEY A E. Cultural heritage, sustainable development, and the impacts of craft breweries in Pennsylvania[J]. City Culture & Society, 2017（9）：21-30.

[39]　DIANA C.Quintana. José M.Díaz-Puente.FranciscoGallego-Moreno.Architectural and cultural heritage as a driver of social change in rural areas: 10 years（2009-2019）of management and recovery in Huete, a town of Cuenca, Spain[J]. Land Use Policy, 2022（4）.

[40]　向云驹.论"文化空间"[J]. 中央民族大学学报（哲学社会科学版），2008，35（3）：82.

[41]　萧放.非物质文化遗产文化空间的基本特征与保护原则 [J]. 文化遗产，2022（1）：10.

[42]　陈震，王一鸣.非物质文化遗产保护中的文化空间弱化现象分析 [J]. 原生态民族文化学刊，2022，14（1）：121-132.

[43]　黄永林，刘文颖.非物质文化遗产文化空间的特性 [J]. 华中师范大学学报（人文社会科学版），2021，（4）：84-92.

[44]　Lee YokeLai, IsmailSaid, AyaKubot. The roles of cultural spaces in Malaysia's historic towns: The case of Kuala Dungun and Taiping[J]. Procedia - Social and Behavioral Sciences, 2013, 85（20）：602-625.

[45]　POLLYANNA S.Andrade, LAURA B.Martins. Tactile reality: The perception of space in the cultural heritage for people with visual impairments[J]. Procedia Manufacturing, 2015, 3：6013-6019.

[46]　IleanaRotaru, LaviniaNitulescu, CristianRudolf. The post-modern paradigm – a framework of today's media impact in cultural space[J]. Procedia - Social and Behavioral Sciences, 2010, 5：328-330.

[47]　Dikshit, SarmaBhagabati. Dancing by the Juniper: Notes from the performative space of the Brokpa's

cultural enactment[J]. Asian Journal of Social Science, 2021, 49（2）: 109–119.

[48] 王春红. 东北汉族民间小调与乡土因缘研究 [D]. 长春：东北师范大学, 2011.

[49] 徐琴. 城市更新中的文化传承与文化再生 [J]. 中国名城, 2009, 1（1）: 29.

[50] 张松, 镇雪峰. 遗产保护完整性的评估因素及其社会价值 [M]// 中国城市规划学会. 和谐城市规划——2007 中国城市规划年会论文集. 哈尔滨：黑龙江科学技术出版社, 2007: 2114.

[51] 高忠严, 张婉容. 非物质文化遗产保护背景下的民俗学田野作业反思 [J]. 山西师范大学学报（社会科学版）, 2018, 45（6）: 106.

[52] 曹凛. 长沙文化遗产保护策略研究 [D]. 长沙：国防科学技术大学, 2008.

[53] 王烜. 裕固族非物质文化遗产女性传承人研究 [D]. 北京：中央民族大学, 2013.

[54] 仰海峰. 文化哲学视野中的文化概念——兼论西方马克思主义的文化批判理论 [J]. 南京大学学报（哲学人文科学社会学科）, 2017, 54（1）: 12.

[55] 赵洪雅. 中国生态博物馆本土化现状研究的有益探索——评《陇戛寨人的生活变迁——梭戛生态博物馆研究》[J]. 中国博物馆, 2012, 3（1）: 117.

[56] 邸艳丽. 我国传统村落保护制度的反思与创新 [J]. 现代城市研究, 2016（1）: 3.

[57] 赵紫伶. 英国乡村建筑及村落环境保护研究——科茨沃尔德案例探讨 [J]. 建筑学报. 2018,（7）: 113–118.

[58] 姜淼. 传统村落环境格局、街巷空间及建筑风貌保护发展对策研究——以云南武定县万德村为例 [J]. 遗产与保护研究, 2019, 4（3）: 59–62.

[59] 戴美纳, 等. 绍兴山地古村落的环境适应性分析——以上虞丁山村为例 [J]. 小城镇建设, 2020, 38（2）: 63–68.

[60] 张卓然, 唐晓岚. 环太湖地区历史村落的环境适应性及特征 [J]. 南京林业大学学报（自然科学版）, 2020, 4（5）: 17–24.

[61] 张晓敏, 等. 历史文化街区空间环境的使用后评价研究 [J]. 景观设计, 2021（6）: 18–25.

[62] 宋玉姗. 共享与融合：特色小镇既有空间环境优化研究 [J]. 装饰, 2021（7）: 140–141.

[63] 赵悟, 鲁璐. 基于人性化理念的建筑室内空间环境设计探析 [J]. 建筑经济, 2021, 42（7）: 96–99.

[64] 张旭. 黔东北土司文化遗产及其保护开发研究 [D]. 武汉：中南民族大学, 2016.

[65] 曹晓佩. 洪坑村：世界文化遗产地的变迁与重构 [D]. 厦门：厦门大学, 2017.

[66] 霍丹. 辽东古驿道文化遗产整体性保护研究 [D]. 大连：大连理工大学, 2020.

[67] 曾国荣. 汉中两汉三国文化遗产时空特征与保护利用研究——基于不可移动文物的分析 [D]. 兰州：西北大学, 2021.

[68] 乌丙安. 非物质文化遗产保护理论与方法 [M]. 北京：文化艺术出版社, 2016: 56.

[69] 向云驹. 论"文化空间" [J]. 中央民族大学学报（哲学社会科学版）, 2008, 35（3）: 82.

[70] 李卓一, 李建华. 文化空间类非遗的空间画像及与物质文化遗产的联动保护初探——以无锡惠山庙会为例 [J]. 城市发展研究, 2018（25）: 12.

[71] 李渌, 雷东霞. 情景再生与景观重塑——文化空间保护的方法 [J]. 建筑学报, 2007（5）: 1–5.

[72] 邓巍. 基于文化空间整合的武汉市工业遗产保护体系 [J]. 工业建筑, 2014, 44（4）: 45–48.

[73] 陈桂波. 非遗视野下的文化空间理论研究刍议 [J]. 文化遗产, 2016（4）: 81–86.

[74] 陈富祥. 非遗保护中的褶皱与张力——以甘南牧区为例谈村落文化、活态文化、文化空间对非遗保护的作用 [J]. 西北民族大学学报（哲学社会科学版）, 2016（6）: 56–61.

[75] 白佩芳. 晋中传统村落信仰文化空间研究 [D]. 西安：西安建筑科技大学, 2014.

[76] 郑九良. 非遗旅游街区文化空间的生产机理研究——基于空间正义视角的反思 [D]. 北京：中国科学技术大学, 2019.

[77] 季诚迁.古村落非物质文化遗产保护研究——以肇兴侗寨为个案 [D].北京：中央民族大学，2011.

[78] 李银兵.文化遗产的传承空间 [J].西南民族大学学报（人文社会科学版），2014，35（9）：14–18.

[79] 钟艳，等.九江城区古树名木生存空间及文化传承空间保护研究 [J].生态经济，2014，30（11）：114–118.

[80] 孟祥武，叶明辉.西北古民居建筑的活化石——兰州市青城古镇民居研究 [J].华中建筑，2009，27（12）：106–109.

[81] 吴傲蕾.文化营造视角下兰州青城古镇保护与更新改造研究 [D].兰州：兰州交通大学，2016.

[82] 郭兴华.文化多样性视角下的青城历史文化名镇保护研究 [D].兰州：兰州理工大学，2016.

[83] 马景霞.兰州青城古镇游憩空间布局调适研究 [D].西安：西安建筑科技大学，2018.

[84] 陈宇.丘陵城市空间形态适应性研究 [D].长沙：湖南大学，2010.

[85] 王晓昉.山地体育场空间适应性研究 [D].重庆：重庆大学，2008.

[86] Conrad，Michael. Adaptability，the significance of variability from molecule to ecosystem[M]. New York：Plenum Press，1983.

[87] 吴亮.地铁枢纽站域步行系统适应性理论与方法研究 [D].云南：大连理工大学，2018.

[88] 陈纪凯.适应性城市设计—— 一种实效的城市设计理论及应用 [M].北京：中国建筑工业出版社，2004.

[89] 朱利安·海内斯·斯图尔德.文化生态学 [J].潘艳，等，译.南方文物，2007（2）：56.

[90] 伊恩·伦诺克斯·麦克哈格.设计结合自然 [M].天津：天津大学出版社，2008：57–58.

[91] 达尔文.物种起源 [M].北京：北京大学出版社，2017：67.

[92] 曹珂.山地城市设计的地域适应性理论与方法 [D].重庆：重庆大学，2016.

[93] 王充闾.《周易》与中华民族文化精神 [N].光明日报，2016–09–02（13）.

[94] 邱双成.论《易传》变易思想及其现代意义 [J].泰山学院学报，2006（5）：27–30.

[95] 汪秀丽.从皮亚杰的发生认识论评析康德的认识论思想 [J].安徽教育学院学报（哲学社会科学版），1998，（3）：14.

[96] 曹珂.山地城市设计的地域适应性理论与方法 [D].重庆：重庆大学，2016.

[97] 周尚意，等.文化地理学 [M].北京：高等教育出版社，2004.

[98] 伊恩·伦诺克斯·麦克哈格.设计结合自然 [M].天津：天津大学出版社，2008：57–58.

[99] 阿摩斯·拉普卜特.宅形与文化 [M].常青，等，译.北京：中国建筑工业出版社，2007：46.

[100] 龙彬，姚强.传统民居与当代宅形的结合点探析 [J].南方建筑，2011（6）：39.

[101] 单军，黄华青.环境适应性视野下卡帕多奇亚地区穴居聚落研究 [J].建筑学报，2015（8）：115.

[102] 魏春雨，等."建筑适应性"主题沙龙：把适应性转换成一种过程或设计方法 [J].城市建筑，2017（7）：7–9.

[103] 王建国.回归建筑本质，解析建筑适应性——王建国院士访谈 [J].城市建筑，2017，7（9）：14–16.

[104] 张枫，匡纬.建筑适应性设计界定及其影响因素研究 [J].华中建筑，2019，37（5）：8–10.

[105] 刘旻.创造与延续——历史建筑适应性再生概念的界定 [J].建筑学报，2011（5）：31.

[106] 徐国祯.生态社会化与社会形态的发展 [J].林业与社会，2005，13（2）：1.

[107][112] 朱利安·海内斯·斯图尔德.文化变迁论 [M].贵阳：贵州人民出版社，2013.

[108] 侯鑫.基于文化生态学的城市空间理论研究 [D].天津：天津大学，2004.

[109] 李超先.基于文化生态理念的建筑设计方法研究 [D].大连：大连理工大学，2019.

[110] 席丽莎.基于人类聚居学理论的京西传统村落研究 [D].天津：天津大学，2014.

[111] 张洪波.文化生态学理论及其我国城市可持续发展的启示 [J].现代城市研究，2009，23（10）：86–87.

[113]孙庆久.环境友好型社会下的人居环境模式探讨[D].保定：河北大学，2007.

[114]丁灵鸽.城市西辛南区主导区域城市设计中的文化植入研究[D].天津：天津大学，2012.

[115]戴维·波普诺.社会学[M].北京：中国人民大学出版社，1999：76.

[116]孙秋云，周浪.文化社会学的内涵、发展与研究再审视[J].中南民族大学学报（人文社会科学版），2016，（4）7：100.

[117]陈宇.大型综合超市流线设计研究[D].哈尔滨：哈尔滨工业大学，2006.

[118]谷娟.黄龙客家古村落民间信仰与村落环境的有机融合[J].中外建筑，2016，（6）：32-35.

[119]张骏.基于人居环境理论的山海关古城居住环境保护发展研究[D].北京：北京理工大学，2015.

[120]黄姝.盐城市乡村人居环境改善策略研究[D].南京：南京工业大学，2013.

[121]段霞.人居环境对公众健康影响因素分析——以乌鲁木齐市为例[D].乌鲁木齐：新疆大学，2010.

[122]王伟娜.基于系统熵的哈尔滨市耕地利用系统安全评价研究[D].哈尔滨：东北农业大学，2012.

[123]张志强，等.可持续发展研究：进展与趋向[J].地球科学进展，1999，12（6）：590.

[124]郝娟.中国人类可持续发展水平的空间分异格局与影响因素研究[D].长春：吉林大学，2021.

[125]王路.农村建筑传统村落的保护与更新——德国村落更新规划的启示[J].建筑学报，1999（11）：16-21.

[126]刘涛.城市人脉：人文城市建设中一个不可忽视的问题[J].中国名城，2017，12（12）：61.

[127]单霁翔.关注新型文化遗产：工业遗产的保护[J].北京规划建设，2007，3（2）：12.

[128]王路.农村建筑传统村落的保护与更新——德国村落更新规划的启示[J].建筑学报，1999，（11）：16-21.

[129]张阳.关中传统村落公共建筑的布局特征与风貌传承研究[D].西安：西安建筑科技大学，2016.

[130]宋绍杭，等.历史文化名村保护规划中多元功能——空间适应性方法——以青街畲族乡为例[J].规划师，2011，27（5）：36.

[131]王中德.西南山地城市公共空间规划设计的适应性理论与方法研究[D].重庆：重庆大学，2010.

[132]余军.贵州民族村镇的适应性类型保护研究——以青岩古镇为例[J].贵州师范大学学报（自然科学版），2012，30（1）：30-34.

[133]肖哲涛.山水城市视野下秦岭北麓（西安段）适应性保护模式及规划策略研究[D].西安：西安建筑科技大学，2013.

[134]周婷.湘西土家族建筑演变的适应性机制研究[D].北京：清华大学，2014.

[135]张鹏.风土建筑遗产适应性保护与利用——《平遥古城传统民居保护修缮及环境治理导则》创新性研究[J].中国文化遗产，2015，（6）：62-67.

[136]曹珂.山地城市设计的地域适应性理论与方法[D].重庆：重庆大学，2016.

[137]赵晗钰，谢冠一.基于村落重生的乡村旅游建设适应性设计探讨[J].中国农业资源与区划，2016，37（10）：166-173.

[138]李和平，肖洪未.山地历史文化街区保护规划的山地适应性方法研究[J].建筑学报，2016（3）：29-34.

[139]李杰林，刘艳红.晋中地区传统村落营建过程中的自然生态适应性研究——以榆次后沟村为例[J].现代城市研究，2020，（6）：41-47.

[140]顾大冶，等."非典型名城"历史建筑价值评估与适应性保护研究[J].工业建筑，2020，50（2）：82-88.

[141]刘歆，多俊玉.意大利伊夫雷亚工业遗产区域适应性保护策略[J].工业建筑，2020，50（6）：189-195.

[142]肖洪未，等.文化景观视角下大都市边缘区历史文化村镇聚落适应性保护研究——以重庆龙兴古镇为例[J].重庆建筑，2022，21（4）：5-9.

第 3 章 榆中县非物质文化遗产与其传承空间环境的关系及存在的现实问题

3.1 榆中县非物质文化遗产与其传承空间环境的关系

"为什么当我们置身于民俗场景中才会感到乡民艺术的展演特别有味？因为乡民艺术本来就离不开现场，其意义的生成和表达都离不开实际生活"[1]。这里的文化相关空间呈多样化，因此将其分类，分析不同空间环境对非物质文化遗产的承载、依托，以及二者的相互关系，寻找两者之间的直接和间接关联。比如，因为社火、庙会活动产生的人们之间的交往及文化互动；传统手工技艺对民居院落的空间布局、空间形态以及建筑立面的影响。

3.1.1 非物质文化遗产与庙宇空间环境的关系

3.1.1.1 甘草店泰山庙会

甘草店泰山庙又称东泰山庙，原址在甘草店镇西村，"文化大革命"期间被毁，2007 年由群众集资重建于甘草店西村西山上。大多数庙会是因为祭祀某一个神，而甘草店泰山庙会更像是众多神灵的一次大聚会。泰山庙里供奉的是东岳大帝黄飞虎。

1. 活动时间

庙会时间是每年农历三月二十八日，这天是黄飞虎诞辰日，人们为了纪念这位为人正直、保一方百姓平安健康的大将军，以庙会的形式举行隆重的祭祀仪式。

2. 活动空间分析

泰山庙会共有接神、会神、出巡、演大戏、回府 5 个内容，从甘草店镇各庙宇以及周边的高崖镇、清水驿镇的庙会共接出 7 位神仙，到达甘草店镇泰山庙门口后，和泰山庙的东岳大帝一起出巡，队伍由彩旗队、将桌子队、铡背队、龙凤旗队、黄罗伞队、轿夫、肃静回避告示牌、采匾、钺斧队组成，穿街而过，所经商铺和店面，爆竹齐鸣，并自愿捐钱，放入功德箱。随后，回到原隍庙（西村）旧址，

（a）庙外搭建的临时戏台

（b）庙内祭祀活动

（c）庙外的祭祀活动

（d）活动出巡

图 3.1 泰山庙会

（来源：作者自摄）

开始在戏台唱戏，共唱三天。唱完后，各自回到原来的庙宇（图 3.1、表 3.1）。

泰山庙会活动空间名称及尺度（来源：作者自制）　　　　表3.1

空间格局名称	长度/m	宽度/m	面积/m²	图片
总占地	25	18	450	—
泰山庙	11	9	99	
戏台表演空间 西村（原隍庙旧址）	8	6	48	

3. 活动行进道路分析

活动经过的道路大致分为两段，第一段为泰山庙所在的西山山路，宽度变化为 1.5~3m，个别较宽地方约 4.5m；第二段为西村的村路，宽度变化为 3~7m。在活动队伍经过山路时，排成了单人行进的队形。人们在活动时适应了地形变化，自动调整队形，是一种很自然的反应（表 3.2）。

泰山庙会表演路线分析（来源：作者自制）　　　表3.2

路段	实景	剖面图	平面布局
山路		⊢2.5m⊣	
村路		⊢4m⊣	

4. 周边环境现状

泰山庙在甘草店镇的西村西山上，庙宇西面是 S309 省道，北面是甘草店镇，东面是 G312 国道，举办庙会的时候，活动队伍会到镇上的各个店铺募捐，这些店铺都开在国道两边，车辆较多，活动时存在一定的安全隐患（图 3.2、图 3.3）。

图 3.2　泰山庙外观
（来源：作者自摄）

图 3.3　泰山庙会周围环境及活动路线
（来源：作者自摄）

3.1.1.2 东滩庙会

东滩庙位于青城镇东滩村，建筑群依二龙山而建，始建于明末清初，占地面积超 8000m²，因其山势如"二龙戏珠"而得名。明清时期主要有佛教、道教建筑群和庙宇，是青城宗教和群众文化活动的中心。20 世纪 60 年代，古建筑群被拆毁，宗教、民俗等文化活动传承中断，80 年代恢复活动，现在最完整的是始建于清乾隆十六年（1751 年）的东滩戏楼，其位置在东滩村西南 200m 处，上青公路北 10m 处，二龙山西北山脚下（图 3.4）。

图 3.4　古建筑群复原图
（来源：作者自摄）

1. 活动时间

每年的农历七月十五，周边村落的村民都会前来祈愿或者还愿，活动一共进行三天，期间会有道士诵经祈祷，戏楼会有戏班唱戏。

2. 活动空间分析

东滩庙会期间，周边上坪村、下坪村等村落以及周边县、白银市的人都会来祈愿，活动期间每天有 2000~3000 人，各村也会在这三天组织民俗活动，组织者在西南角的空地设置临时换装区（表 3.3）。

东滩庙会活动空间名称及尺度（来源：作者自制）　　　　表3.3

空间格局名称	长度/m	宽度/m	面积/m²	图片
总占地	70	57	3990	
戏台表演空间（东滩古戏楼）	16	10.4	166.4	

3. 物质空间背景

东滩戏楼为二层木构楼阁式，面阔 5 间（通面阔 15.7m），进深 10.6m，占地面积 166.4m^2，柱间通过额枋交圈联构，其他建筑为原址基础上新建。目前东滩戏楼周边的古建筑也已经恢复。在演出准备期间，参与人员会来这里彩排，村委会在院落内的空地设置了一些体育类活动器械，村民平日里会来这里进行健身、打篮球等活动（表 3.3）。

4. 周边环境现状

庙会处于上坪村和东滩村的中间位置，围绕戏楼的建筑群由 X324 县道分为两个部分，南边依山而建的是佛殿，县道北边是道教殿宇。庙宇内的院落空间较大，基本能够承载节日期间的人流量。庙宇外面是村路，连接着县道，在活动期间人流量大时会涌到道路上，且没有分流空间，入口处比较拥挤（图 3.5）。

图 3.5　东滩庙周边环境
（来源：作者自绘）

5. 非物质文化遗产的现状

青城镇当地每年仍在举办东滩庙会活动，村民会在节日前夕开始组织节日期间的表演，在各家或庙宇院落内排练。目前传承状况良好。

3.1.1.3　太符灯舞

太符灯舞是榆中县和平镇马家山村社火队表演形式之一。清朝时期，张文理对《封神演义》进行创编，形成了太符灯舞的雏形，后来经不断地演出优化，形成了现在的民俗表演形式（图 3.6）。

1. 活动时间

太符灯舞活动每年在过年前准备道具，并开始排练。正月初一在马家山村的庙里举行仪式，祈求风调雨顺，岁稔年丰。然后正式开始表演活动，一直持续到正月十五。

2. 活动空间分析

太符灯舞活动地点在榆中县和平镇马家山村，地势较高。每年的农历十二月二十开始制作花灯、虎令等相关道具，并组织排练，正月初六正式表演，同月十五结束。此外，每年的三月十五和九月十五还在马家山村的圣母庙表演。现今也在兰山当地的直沟门、小泉子、范家营等地表演，并参加榆中沿川湖庙会、金崖官神会及定远云雾山庙会、甘草店二龙山庙会等活动（表 3.4、图 3.7）。

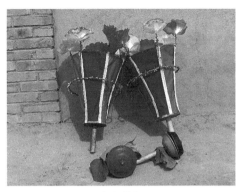
（a）虎令

（b）表演

（c）秦腔装扮的表演

（d）化妆

图3.6　太符灯舞
（来源：作者自摄）

太符灯舞活动空间名称及尺度（来源：作者自制）　　　　表3.4

空间名称	长度/m	宽度/m	面积/m²	图片
庙宇总占地	13	12	156	
台地表演空间	12	7	70	
院落排练空间	3	2	6	
化妆道具准备空间	2.7	2	5.4	

3. 物质空间背景

太符灯舞的表演是与庙会活动紧密相关
的，太符灯舞在圣母庙前和村落中串村表演。
20 世纪六七十年代，圣母庙被破坏，太符灯
舞的表演也因此暂停，80 年代后期，又恢复
了太符灯舞表演，2005 年当地对圣母庙进行
了重建，2017 年扩大了庙宇院落，加建了两
栋一层建筑，作为马家山村的文化活动中心。

4. 周边环境现状

太符灯舞最初只在马家山村表演，随着
交通的发展，人们生活水平的提高，文化活
动也随之丰富，除了串村表演，还会不定期
参加县城举办的活动，从山村走到了城镇。
太符灯舞的主要表演场所圣母庙位于马家山
村的中部，周边较空旷。

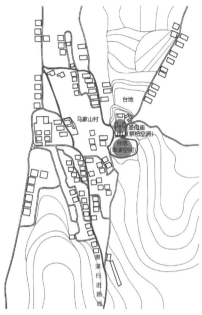

图 3.7　太符灯舞活动空间及路线
（来源：作者自绘）

5. 非物质文化遗产的现状

太符灯舞，清朝道光年间产生于榆中县。当时马家山村虽只有二十几户，彼
时该舞蹈却十分活跃，其后时断时续。至 2005 年，太符灯舞才发展为规模较大
的民间文艺活动。目前，以县文化馆为项目单位，具体负责组织、整理、指导该
活动。马家山村委会组织了 36 人的太符灯舞表演队，由该舞蹈的第五代传人张
成龙传授表演内容，并逐渐扩大演出阵容。现今，太符灯舞的传承人张成龙在外
打工，村里的太符灯舞表演由村领导组织，活动的规模较大时，表演活动的人也
会多一些，其中会加入太平鼓和锣鼓表演。

3.1.1.4　马衔山秧歌

马衔山秧歌主要流传于马衔山地区，演
出路线沿途经过银山、马坡、新营、龙泉四
个乡，涉及范围很广（图 3.8）。村落每年组
织秧歌队，庆丰收祈丰年。马衔山是少数民
族的聚集地，有蒙古族、藏族等，各个民族
在这里生活，文化得以相互融合。因此，在
艺术和风俗上呈现出多民族特色（表 3.5、
图 3.9）。

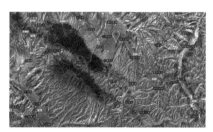

图 3.8　马衔山秧歌表演村落分布
（来源：作者自绘）

马衔山秧歌队伍组成（来源：作者自制）　　　　　表3.5

队伍	活动内容	人数/人
狮子队	在秧歌队的最前方，有两只大狮子和两只小狮子，造型喜庆，增加节日热闹的气氛	42
大老爷	主要人物，发号施令	1
衙役队	手持马鞭，管理和组织秧歌队	26
伴奏乐器队	乐器有锣、胡琴、鼓、钹等，为马衔山秧歌演奏	36
姑娘队、窑婆队	马衔山秧歌代表性的人物，由男青年打扮成女装表演	50
旱船队	由多个旱船组成，前面有一个老翁拿桨划行	25
彩旗队	走在队伍的前面和中间，增加节日喜庆气氛	34
骑毛驴	在秧歌队伍的行进间表演，多为不受约束的即兴表演	27

（a）彩旗队　　　　　　　　（b）狮子队　　　　　　　　（c）衙役

（d）太平鼓　　　　　　　　（e）妖婆队　　　　　　　　（f）旱船

（g）唱戏《调寇》《天官赐福》　　（h）舞狮子　　　　　　　　（i）骑毛驴

（j）龙王爷点蜡　　　　　　　（k）集会　　　　　　　　（l）迎社火

图3.9　马衔山秧歌活动内容
（来源：作者自绘）

1. 活动时间

马衔山秧歌大概产生于宋代，原为北宋的军中歌舞，清代以后变为纯粹的民间艺术，每年的表演从春节一直持续到正月十五（表3.6）。

马衔山秧歌活动安排（马坡乡）（来源：作者自制）　　　表3.6

日期（农历）	玩神社村	仪式场所	主要仪式程序
腊月三十	中庄村	盘古庙—串庄	
	陈家沟	雷祖庙—广场	
正月初一	马滩村	龙王庙—串庄—广场	
	草坪村	家庙	
	新窑湾	盘古庙	
正月初二	丁家豁村	盘古庙—串庄—广场	
	赵家湾	串庄	
	浦鸽沟	水草龙王庙—广场	
正月初三	草滩村	龙王庙—广场	
	白崖湾	广场	
正月初四	白家堡	二龙爷庙—家庙—广场	
	徐家庄	水草龙王庙—广场	
	单家嘴	娘娘庙—广场	
正月初五	下四庄	关老爷、齐天大圣庙—广场	上香、点蜡、过街、跑场、跑旱船、送神
	岐儿沟		
正月初六	杜家庄	二龙庙—广场	
正月初七	黑阳嘴	白马殿—广场	
正月初八	元古堆	土地爷—广场	
正月初九	上八门四村	龙王爷、关老爷—广场	
	下八门四村	广场	
正月初十	赵家嘴	土地庙—广场	
正月十一	花路村	水草龙王庙—进场	
正月十二	旧庄沟	关老爷—进场	
	红庄子村	文昌帝君庙—水草龙王庙—进场	
正月十三	小泥窝子沟	盘古庙—进场	
	大泥窝子沟	进场	
正月十四	阳洼子庄	孙子娘娘—水草龙王—进场	
	大马家	孙子娘娘—进场	
正月十五	回上庄村	龙王庙—串庄—进场	

2. 活动空间分析

春节期间马衔山秧歌进行串村表演和祭祀，进入村落，先去当地的寺庙祭拜，之后开始走街、挨家挨户拜年，再进行村与村之间的互访互拜，一直到正月十五的秧歌结束后"送神"，"送神"仪式完毕，秧歌活动完满结束。表3.7、表3.8、所示为马衔山秧歌在小泥窝子沟村的活动情况。

马衔山秧歌活动空间名称及尺度（来源：作者自制）　　　表3.7

空间格局名称	长度/m	宽度/m	面积/m²	照片
总占地	80	50	4000	
表演空间一	30	25	450	
表演空间二	50	25	1250	

活动行进道路分析（来源：作者自制）　　　表3.8

路段	实景	剖面图	平面布局
行进中的村路一		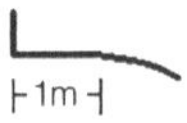 ⌐1m⌐	
行进中的村路二		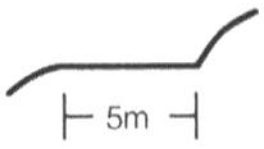 ⌐5m⌐	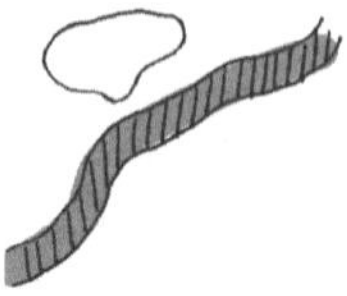
行进中的山路		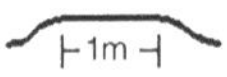 ⌐1m⌐	

3. 物质空间背景

承载马衔山秧歌的建筑以各村的庙宇为主，基本上都是 20 世纪六七十年代损毁后又重建的，马衔山秧歌涉及村落非常多，每个村落都需要有祭祀、表演的场地，每年马衔山秧歌活动开始，表演到自己的村子时，所有的人都要到庙宇去祭拜、祈愿，庙宇是村落最重要的建筑空间之一（图3.10、图3.11）。

图3.10　盘古庙
（来源：作者自摄）

图3.11　小泥窝子沟村的表演活动空间及路线
（来源：作者自绘）

4. 周边环境现状

马衔山地处丘陵地区，地势变化和村路坡度较大，景观绿化面积多，除了盘山路修得较好，村通村的路都是土路，有的庙宇建在山坳里的一处平地上，或者在农田边上，又或者在盘山路边，庙宇周围环境基本上没有修整，杂草较多，平时都是锁着门，不能进入（图3.12）。

（a）中庄村庙宇

（b）马滩村庙宇

图3.12　马衔山庙宇现状
（来源：作者自摄）

5. 非物质文化遗产的现状

由于现代社会的发展、信息网络的发达，传统文化受到较大冲击，青年对传统秧歌知之甚少，精通和熟悉马衔山秧歌文化的人也越来越少，他们对传统的秧

歌活动失去兴趣，大部分人选择进城务工，供养生计，非遗传承出现了断层，参
与秧歌表演的村民每年都在减少，有的时候一年表演不了一次，组织者也难以维
持。由于马衔山秧歌的唱曲和唱词都是民间艺人之间相互传唱流传下来的，没有
正式完整的词曲资料，目前保留下来的曲子也已经不完整，能够唱曲的艺人则更
少，很多老艺人已经年老或者去世，传承工作艰难，马衔山秧歌渐渐退出了历史
舞台。

3.1.1.5　兴隆山"六月六"庙会

1. 活动时间

兴隆山"六月六"庙会举办的时间为农历六月初五至初七，庙会还有很多种
类的传统文化演出活动，比如皮影戏、秦腔、小曲等，还有很多外地来的商人，
在这里卖小商品。庙会是一种宗教、商贸、娱乐相结合的民间活动（图3.13）。

（a）听戏曲　　　　　　　　　　　　（b）巡山

图3.13　兴隆山庙会活动
（来源：作者自摄）

2. 活动空间分析

"六月六"庙会活动的第一天举办庙会开始的仪
式。活动第二天由兴隆山的道教协会成员组织祭拜
队伍，从早晨开始，路线从栖云山脚下开始，一路
上山祭拜，至山顶，稍事休息，从栖云山下山再上
至兴隆山山顶，最后从兴隆山下山，一天活动结束，
期间每到一座殿，都会有祭拜仪式。第三天，在兴
隆山脚下，有秧歌、戏曲表演等（图3.14）。

3. 周边环境现状

兴隆山"六月六"庙会在兴隆山和栖云山举办，

图3.14　兴隆山庙会的建筑空间
（来源：作者自摄）

环境优美，山上动植物具有多样化特征，四季展示出不同的自然风貌，距离榆中县城只需要 11 分钟的车程，交通便利，经济相对周边发达，优越的自然环境和地理优势，带动了兴隆山"六月六"庙会的发展。

4. 非物质文化遗产的现状

兴隆山"六月六"庙会，包含儒、释、道三教的宗教活动，不仅满足着人们宗教信仰的需求，也在传承着宗教文化、宗教礼仪、哲学、音乐、美术、服饰、习俗、庙观建筑，等等。现在每年都举办，并且非常盛大，兰州市区及周边县市的人们在节日时都会前来旅游，推动了榆中县的旅游业发展。人流量的日益增加，促进了经济发展，但同时也存在管理混乱的情况，对兴隆山的环境造成了影响。

3.1.2　非物质文化遗产与传统手工作坊的关系

传统手工作坊是在现代工业文明之前，经过漫长的时间逐步形成并不断完善的，其记录着传统手工技艺从古至今的演变及新陈代谢的过程。传统手工技艺与人们的生产生活息息相关，为不同历史时期的人们提供生活生产的必需品。手工作坊分为家庭院落式和专门用来生产的独立式两种，这些作坊通常不是历史建筑，但其手工技艺的制作对村落的经济、文化产生重要影响，也与村落整体形态以及公共活动区域有着紧密的关系。

3.1.2.1　定远镇汉毡居羊毛地毯手工制作技艺

制作羊毛地毯的染色材料是纯天然的，其色调素雅，工人采用手纺线粗细捻度不匀的物理特点进行构图的传统手法，使用粗、中、细不同枝数毛纱，其工艺复杂，体现羊毛地毯的层次感、质感和艺术性，毯体厚密，经久耐用。西北高原地带羊毛柔韧性足、高山草药药性强、日晒风晾时间长等自然条件对羊毛地毯的制作提供了天然优势（图 3.15）。

1. 制作空间

汉毡居羊毛地毯手工制作工艺流程中的染色和后期整理在定远镇作坊中进行，已经于 2014 年申报为传习所，在院落中进行矿物颜料的研磨和风晾，染料库的北侧有 40 个染缸，负责浸泡染色。南侧清洗池两处，东侧为二层楼，一楼共 4 间房，进行图案设计、后期美化整理等工作，二楼为展厅（图 3.16）。

2. 周边环境现状

汉毡居羊毛地毯手工制作以前是家庭作坊经营，2014 年因扩大经营规模，在镇中心新建了传习所，传习所已经形成规模，工人都是当地年轻人，解决了部分

（a）消毒、清洗　　　　　　（b）染色（黄色）　　　　　　（c）染色（靛蓝）

（d）天然染色料　　　　　　（e）设计图案　　　　　　　（f）整理

图3.15　羊毛地毯制作工序
（来源：作者自摄）

年轻人的就业问题。

3.1.2.2　土榨油技艺及制作空间

在高崖镇新窑坡村，至今仍经营着祖上传下来的土榨老油坊，保存着传统榨油技艺需要使用的工具和物品，也仍然延续着传统的土榨油技艺，是榆中县土榨油工艺的起源地（图3.17）。

1. 制作空间

老油坊主要供新窑坡村的村民使用，因为榨油需要的人手较多，一个家庭无法完成，通常都会在每年的冬天，农闲时，两三家一组，互相帮忙，村里各组轮流榨油，大约3~4个月时间，榨油坊都在工作。老作坊年代久远，屋内的墙皮部分脱落，窗户少且小，通风较差，院落的通道处堆放着榨油需要的工具、材料等，较杂乱（图3.18）。

2. 周边环境现状

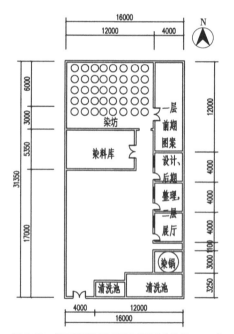

图3.16　羊毛地毯制作空间平面图（单位：mm）
（来源：作者自绘）

老油坊在新窑坡村靠近省道的菜地附近，村里的村民自己种植胡麻籽，收割后再从各家运到油坊，村里的人们在榨油的时候，几家围聚在油坊中，榨油、吃

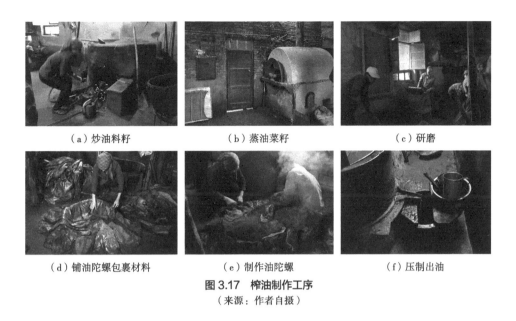

（a）炒油料籽　　　　　（b）蒸油菜籽　　　　　（c）研磨

（d）铺油陀螺包裹材料　　（e）制作油陀螺　　　　（f）压制出油

图 3.17　榨油制作工序
（来源：作者自摄）

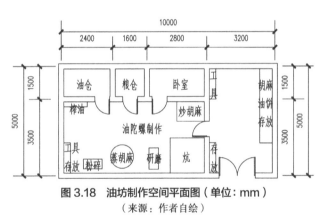

图 3.18　油坊制作空间平面图（单位：mm）
（来源：作者自绘）

饭、休息都在这个空间中进行，是人们表达情感、产生依恋、相互认知的场所。村民来往于家和作坊之间，这也是他们在冬季最频繁的活动路线，是油坊与村落关系最密切的空间节点。

3.1.3　非物质文化遗产与民居院落空间的关系

民居的院落空间除了满足日常生活功能外，还承载着文化空间的功能，很多从古时延续下来的与生活息息相关的手工艺、文化习俗、民俗活动都与民居的院落空间密切相关。榆中县的文化活动非常丰富，几乎各个村镇都有民歌演唱乐班。节日庆典时，社火活动在村落或县里演出，居民有红白事时也会请唱乐班到自家的院落进行表演，平时三五人，拿着乐器，集中在院落中练习。这个时候传统院落空间就成为唱乐班表演的重要空间载体（图 3.19）。榆中民歌、榆中小曲、西厢调、秦腔等都是乐班成员在农闲之余自发组织练习的，较有随机性且人数不定，只要有时间就可以排练，场所也不固定，基本都是在约定排练前确定场地。传统的手工技艺大多数都是在自家院落进行，所需场地不大，比如青城陈醋酿造技艺、水烟制作技艺、北山擀毡制作技艺、陆氏旱船制作及表演技艺、李氏皮挽具制作技艺、元古堆柳条编织技艺等，都是就地取材，所需要的酿醋原料、水烟的烟叶、擀毡用的羊毛、旱船制作的木材、皮挽具制作的皮料和柳条编织用的柳条都是在当地养殖和种植的。

图 3.19　院落中排练的唱乐班

（来源：陶明东，柴银萍 . 青城古镇非物质文化遗产概览 [M]. 兰州：甘肃人民出版社，2012.）

3.1.3.1　李氏皮挽具制作技艺

榆中县历史上战事颇多，战争中车马所需的皮挽具、军事所需的鼓具以及农耕需要的农具，使用量很大且损耗快。因此皮挽具制作兴盛起来，最初是在军中制作，后流传至民间。

1. 制作空间

皮挽具制作通常在自家的院落空间，需要 2~3 人一起合作，院落中砌一口大锅，用来蒸煮皮料，制作时需要用到一些大型的器具。目前，村民需要制作皮挽具，都是在李希山、魏延新二人的家中院落制作（图 3.20、图 3.21）。

2. 周边环境现状

李氏皮挽具制作作坊位于兰州市榆中县城关镇北关村，以城关为中心制作区，周围为高寒区的丘陵地带，呈放射型布局，自然条件十分适合原料收购、加工和外销。目前虽农业机械化程度不断加大，但周边的山区因地势陡、道路艰难，大多贫困山区仍在沿用以牲口为主的农耕和驮运方式。目前工匠日益减少，呈濒危状，形势不容乐观。

（a）去毛 　　　　（b）抽弓 　　　　（c）拥脖木棺 　　　　（d）洗麻布

图 3.20 皮挽具制作工序

（来源：作者自摄）

3.1.3.2 北山擀毡制作技艺及其制作空间

毛毡具有隔潮、保温的作用，深受当地群众的喜爱，每家每户都有几条毡铺在炕上。北山地区地广人稀，冬季天气寒冷，毛毡的需求量很大，很多毡匠为了谋生，去更冷的北边卖毡。

1. 制作空间

北山的居民擀毡都是在自家进行，擀毡至少需要三个人，通常会请周边住得较近的人来帮忙，制作时需要在院落中较空旷的地方进行，有的家庭会专门建一个工作间，雇人擀毡（图 3.22、图 3.23）。

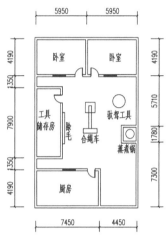

图 3.21 皮挽具制作空间平面图

（单位：mm）

（来源：作者自绘）

（a）挑拣杂物 　　　　　　　　（b）粗弹

（c）细弹 　　　　　　　　（d）擀毡

图 3.22 北山擀毡制作工序

（来源：作者自摄）

2.周边环境现状

擀毡是北山的民间技艺，与这里人们的生活习惯密切相关，北山地理位置偏僻，自然环境恶劣，这里的住户分布零散，尤其是窑洞周边，基本都是农田、山坳，户与户之间相隔很远。人们的生活条件较差，政府为了扶贫，指导村民种植对土地适应性极强、适宜种植的甘草，并引进药厂制作成中药，解决了很多住户的经济困难。现在以放牧、种地为生的人越来越少，很多人搬离了大山，留在这里的都是零散住户，每家基本都在窑洞旁加盖了砖房来改善居住环境。家中的窑洞多数都用来做厨房、存放农耕机器及堆放杂物，使用毛毡的家庭也日益减少（图3.24）。

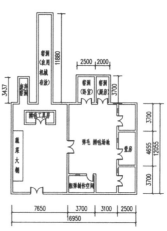

图3.23 北山擀毡制作空间平面图
（单位：mm）
（来源：作者自绘）

图3.24 北山擀毡制作空间现状
（来源：作者自摄）

3.1.3.3 元古堆柳条编织技艺

地处榆中县城40km以南的山区马坡乡元堆社，属马山山系，当地红柳树木众多、生长较快，能编织出各种造型。元古堆柳条编织技艺追根溯源，据考是19

世纪中后期在这一地域间盛行的。柳条编织工艺与当地的农耕文化紧密相连，并且在生产、生活中起到不可缺少的作用。柳条可以制作农具，产品有簸箕、糖、背篓等，它们的外部造型具有简朴、实用、大方、轻巧等特点（图 3.25）。这里的人们至今还在用柳条编织一些农具，在日常生活中使用，一部分成为商品，给手艺人们带来一些经济效益。

（a）柳条编织的背篓　　　　　　　　　　　　（b）篮子

（c）装杂物的大筐　　　　　　　　　　　　（d）挑拣出来的柳条

图 3.25　元古堆柳条编制的农具
（来源：作者自摄）

1. 制作空间

南山一带的建筑都是依山势而建，院落结构因地制宜，柳条编织对制作空间的要求不高，在院子里的空地就可以进行。在编织前，为了保证柳条的湿度和软度，会将柳条放在自家的土窑里储存，有时为了保证柳条的软度，编织工作也会在土窑里进行，这种土窑在南山很常见，平时主要作为储存粮食的空间。

2. 周边环境现状

这一地区因为海拔较高，夏季气温较低，蔬菜病虫害少，农药使用量不大，柳条编织是这里的主要经济产业，带动了这一地区的经济发展，人们生活条件因此得到改善。南山一带的大部分山路都作了硬化处理，交通便利。沿主路的农户

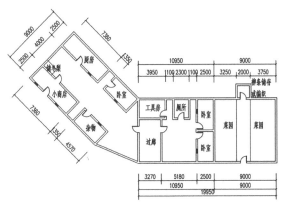

（a）柳条编织技艺制作空间平面图（单位：mm）

（b）存放柳条的地窖

（c）红柳树的生长环境

图3.26　元古堆柳条编织空间
（来源：作者自摄、自绘）

多数都是用拖拉机一类的交通工具，但还有大部分农户生活在山里，道路坡度较大，行走不方便，人们在运输货物时仍然习惯使用红柳编织的背篓（图3.26）。

3.1.4　非物质文化遗产与建筑构件的关系

建筑的构件在两个方面呈现，一是作为建筑的装饰，起到画龙点睛的作用，运用当地的一些文化图腾来装饰木雕、石雕、砖雕及窗户等；二是建筑的基础构件，主要包括屋脊、额枋及墙面等。

3.1.4.1　砖雕

砖雕在建筑上的表现通常是在墙壁上，以照壁最多见，在榆中县的古民居中，基本都保留着砖雕图案的照壁，造型优美，内容丰富，寓意美好（图3.27）。

3.1.4.2　木雕

青城镇的城隍庙献殿木槅扇门保存比较完好，绦环板上深雕"喜上眉梢""兰花玉兔""缠枝牡丹"、裙板上浅雕的"团龙"等图案，情趣盎然、形态各异；格芯的"龟背锦""菱化格"窗棂严整如一，精雕细刻；其他还有龙首斗拱、葡萄垂花柱、荷叶托木、龙头及象头圆雕等[2]。

3.1.4.3　石雕

石雕是雕塑艺术的起源，在建筑装饰中应用历史悠久。梁思成先生认为，雕刻乃民居装饰中最为古老的艺术，"艺术之始，雕塑为先，盖在先民穴居野处之时，必先凿石为器，以谋生存，其后既有居室，乃作绘事，故雕塑之术，实始于石器时代，艺术之最古者也"[3, 4]。青城书院的山门两侧有一对抱鼓石，这是青城石作中代表性的作品，上面图案栩栩如生，其外侧均为腾龙图案，内侧左面为"天马行空"，右面为"犀牛望月"[5]（图3.28）。

图3.27　砖雕壁画《大禹耕田》和《高柴求学》

（来源：王丹玲. 青城古建筑装饰解读[D].
兰州：西北师范大学，2007.）

图3.28　青城书院抱鼓石

（来源：王丹玲. 青城古建筑装饰解读[D].
兰州：西北师范大学，2007.）

3.1.4.4　剪纸

剪纸包括窗花和喜花两种表现形式。

窗花是贴在窗纸或窗户玻璃上用来装饰的艺术表现形式，也是村落中家家户户最常用的一种装饰窗户的类型，有各式花样，如人物、花草、动物、连续戏文或传说故事，还有一种悬贴在窗框上的剪纸，样式类似于门笺，单张或单数张多张贴在窗户最上方正中间的窗框上，有祈福之意。

喜花是以双喜字为主体的剪纸图案，贴在大门上或布置在婚房内，喜花中的双喜是由两个喜字合成的，但不是两个喜字相加，而是把两个喜字横连起来，这是结婚时使用的固定符号。在榆中县，百姓婚嫁娶亲时对双喜的图案较为讲究，颜色为喜庆的红色，形状式样很多，以各类吉祥寓意的图案形状为外形，比如石榴、桃子，或者象征团圆的圆形等，并以外形为基本轮廓，内部剪出更细致丰富的内容。内部的图案也要有祝福新人和美幸福的寓意，比如鸳鸯、莲藕等寓意成双成对的图形。喜字与各类纹样组合象征内容不同，寓意也非常丰富。

3.1.5 榆中县非物质文化遗产与其传承空间环境关系的因果结论

3.1.5.1 庙会空间分析

庙宇是村落中的重要公共空间，传统村落中的庙宇及周边的环境也是非物质文化遗产的物质载体，寺庙活动与寺庙空间环境的关系紧密，祭祀空间、表演空间和活动的街巷基本都是村落原有的形态。这些活动都是以空间为基础，来决定活动的位置、表演形态、行进方式等。

1. 庙会规模

庙会的规模与当地的民俗活动内容以及活动空间等因素有密切的关联，比如马衔山秧歌，这一区域是少数民族的聚集地，凝聚力较强，风俗习惯相同，自然而然地形成了大区域的庙会活动。兴隆山庙会的主要活动场地在兴隆山和栖云山，这也就限制了庙会的规模。青城镇东滩村庙会规模受村落所在位置的影响，因距离青城镇的其他村落较远，难以形成规模。

2. 表演活动空间模式

（1）包含式

包含式的庙会活动规模不一，以核心区域的庙宇为主，祭祀、表演活动以及开始和结束的活动都在核心区域的庙宇中进行，各村落的活动最终都集中在此区域，存在包含的关系。

（2）独立式

独立式的庙会表演活动空间一般适用于规模较小的庙会活动，庙宇内的面积较大，能够满足庙会的祭祀、表演等活动需要。人们基本可以在庙宇内进行，活动结束后，不在庙宇外停留，直接进行村落内的巡游活动。

（3）相互式

相互式的庙会表演活动空间指的是庙宇内外或范围更广的村与村之间，活动范围较广，涉及的庙宇较多，通常庙会表演活动空间在两个地方进行，一是在庙宇内的空间进行，二是在庙宇外的空地广场进行。庙宇内的空间主要是进行祭祀相关活动，庙宇外进行表演活动，村落中形成一种巡游、表演、祭祀连贯并互动的模式。

3. 庙前开放空间类型

（1）山地型

山地型的庙会开放空间受地形限制，基本没有可开辟的空地，比如兴隆山庙会，这种类型的庙会是在自然生态环境较好的山地中进行，需要尽可能地保护这里的自然风貌。在有限的空间内进行祭祀、表演、巡游等活动，由于山路陡峭，活动道路也比较狭窄，在活动中巡游队伍需要克服各种困难，也因为这些原因，活动也更加富有层次。

（2）山地平台型

榆中县的地形多样，马衔山区域山地地形复杂，马衔山秧歌活动范围广，这种大型的庙会，庙宇空间的特征是就地选取山地中较为平缓的平台处，因为规模较大，选择平台和连接的道路较宽敞平缓，有助于队伍的行进及表演，平缓、宽敞的平台也有助于周边的观众观看和参与。

（3）半封闭型

这类庙会，基本处于一个独立的单位内，活动范围较小，庙宇外部空间较小，基本不会有专门的场地用于表演活动，庙宇内的空间较大，可以作祭祀、表演活动以及观众观看的场地。表演结束后，巡游队伍从庙宇中出发，直接去庙宇相关的村落，不会在庙外停留。

（4）田野型

田野型的庙会空间适用于平原地区的村落，一般都在村落田地处较开阔的空地进行，这类庙会最容易持续发展，活动受道路的限制较小，巡游队伍可以比较轻松地进行表演活动，比如马家山村的太符灯舞，祭祀和表演活动在马家山村的圣母庙进行，巡游活动在马家山村村落内进行，如果活动范围和庙宇规模较小，活动都在庙宇外的田间空地上进行。

4. 需要保护的对象

在庙会活动中，与庙会相关的物质与非物质文化遗产是保护的主要内容，有些庙宇属于历史建筑，需要按照历史建筑的规范来保护、修缮。在自然景区内的庙会活动除了要保护相关的建筑、文化、习俗等，还要保护周边的自然生态环境。一些有巡游路线的大区域庙会活动，除了保护建筑、庙会相关的习俗等，还要对活动路线进行保护，在必要的情况下，对活动路线进行优化提升（表3.9）。

庙会规模层次划分及类型（来源：作者自制） 表3.9

庙会名称	庙会规模	活动范围	表演空间模式	庙前开放空间类型	活动道路情况	需要保护的对象
泰山庙会	中区域庙会	周边村镇	包含式	山地型	活动道路受地形所限	庙宇空间保护，非物质文化遗产保护

续表

庙会名称	庙会规模	活动范围	表演空间模式	庙前开放空间类型	活动道路情况	需要保护的对象
东滩庙会	小区域庙会	东滩村	独立式	半封闭型	活动道路较宽敞	庙宇历史建筑保护，非物质文化遗产保护
太符灯舞	小区域庙会	马家山村	包含式	田野开放型	活动道路较宽敞	庙宇空间保护，非物质文化遗产保护
马衔山秧歌	大区域庙会	银山乡、马坡乡、新营乡、龙泉乡	相互式	山地平台型	活动道路受地形所限	庙宇空间保护，非物质文化遗产保护，自然生态环境保护，活动线路保护
兴隆山庙会	中区域庙会	兴隆山、栖云山	相互式	山地型	活动道路受地形所限	国家级景区保护，文化遗产保护，自然生态环境保护

3.1.5.2 空间与街巷分析

1.庙会活动空间分析

庙会活动空间一般是由庙宇内部空间和外部的空地广场空间两部分组成，庙会的空间类型与模式影响着庙会的活动及表演方式（表3.10）。

庙会活动空间分析（来源：作者自制） 表3.10

	图示	特点
泰山庙会活动空间		泰山庙会的庙宇是一进院，内部空间较简单，活动前，在泰山庙外的空地，会临时搭建一个戏台，用来进行表演活动
东滩庙会活动空间		东滩庙会的总面积3990m²，空间可以容纳上千人，庙宇周边都是道路，因此东滩庙会的活动空间主要在庙宇内进行
太符灯舞活动空间		太符灯舞庙会的活动空间主要分两部分，一是庙宇内部的祭祀空间，二是庙宇外的表演空间。庙宇外新建了文化活动中心

续表

	图示	特点
马衔山秧歌活动空间		马衔山秧歌涉及的村落众多，规模较大；尤其地形复杂，村落之间的距离较远，有的村落庙会活动有多个表演空间
兴隆山庙会活动空间		兴隆山庙会在兴隆山和栖云山两座山上举行，山上寺庙较多，祭祀停留的点也多，巡游队伍走完完整的路线需要一天时间。山上没有能够承载大量人流聚集的场地，因此，每年活动前都会在山脚下临时搭建一个场地，供大家表演、观看及开展商贸活动等

2. 活动道路分析

活动道路与寺庙内外的空间相互连接，是村落间传播文化的传统媒介，是庙会活动的主要公共空间之一，也承载着庙会活动的集会、商贸等功能，集市通常都在庙前的空地以及道路交会处进行，是人流集散地。

活动道路与寺庙所在的地形和位置也有关联。山地型的道路崎岖，很难有合适的位置做集市，一般都选择在山脚下的空阔场所；山地平台型的道路因地势高差，山地地形限制，有些路起伏较大、路面较窄，山间的小路路况较差，多为土路。近年基础设施的建设，使得一些山地村落主干道的路况得到了较大改善，邻近庙宇的道路也得到了修缮和维护，部分连接庙宇的道路在现状条件允许的情况下进行了拓宽；半封闭型的道路所对应的庙宇通常都是能够独立承载庙会的祭祀和表演活动，庙宇的规模相对较大，邻近的道路也较宽敞，所在的村落地势平坦，活动道路路况较好；田野开放型的村落多处于平原地区，活动路线多在田间和村落内穿行，村落内的道路受民居建筑影响，其灵活度与可变度都不如田野的道路高（图3.29）。

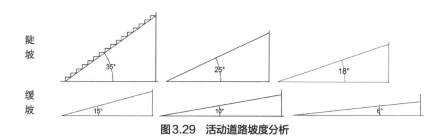

图3.29 活动道路坡度分析

3.1.5.3　手工技艺类空间分析

非物质文化遗产中，传统手工技艺与民居院落空间的关系最为紧密，影响着院落中人们的日常生活，传统手工技艺经常使用的制作空间和存储空间都在院落内，制作过程或在房屋中，或在院落中，民居中不太常用的屋子被用来储存传统手工技艺相关的物品及工具。还有一类与传统手工技艺相关的空间，在村落中的商业街和商铺中，人们在商铺中售卖传统手工技艺制作而成的工艺品、食品等，商铺会根据售卖的类型装饰内部及门面；手工作坊通常都是专门为某项手工技艺专门建造的，作坊的空间布局、功能、样式都是以手工技艺需要为主。

3.2　非物质文化遗产对传承空间环境的作用

3.2.1　促进村落间社会资源的共同发展

很多传统文化在同一地域都存在着内在联系，同一类型的非物质文化遗产也存在于多个村落，比如榆中砖雕、榆中小曲、榆中人生礼仪等。七月官神、马衔山秧歌、太符灯舞等非物质文化遗产活动的范围涉及多个村落，使得村落间的联系更为紧密。笔者在马衔山秧歌的调研过程中了解到，在举办传统文化活动时，村落间组织活动的老人们，聚集起来讨论活动的前期准备，比如人员分配、资金管理、时间安排、参与人员的饮食安排等一系列问题。这些老人是村落的本地居民，并且在村中很有威望，在组织的过程中能够将各村落的人们聚集起来，使活动如期顺利举办。保护非物质文化遗产，同时也是在保护着与之相关的社会关系，进而保护着所在传统村落的文化传承。

就现阶段发展来看，村落间的社会关系逐渐淡化，非物质文化遗产保护能够改善村落间的社会关系现状，为其所在的村落提供很多社会资源，包括有形社会资源和无形社会资源，都可以为村落服务，并在多个村落间建立共有的社会服务体系，形成社区化发展。"社区"这一概念，一般指聚集在一定地域范围内的社会群体和社会组织，是根据一套规范和制度结合而成的社会实体，是一个地域的社会生活共同体 [6, 7]。

3.2.2　空间多样性

生态人类学家斯图尔德认为，文化是在特定环境下逐步发展而来的，文化之间的差异是由社会与环境相互影响的特殊适应过程引起的，在他看来，"以生计为中心的文化多样性，其实就是人类适应多样化自然环境的结果 [8]。

村落是村民们生活、生产和开展社会活动的中心，人们在这里生活，形成了许多有形或者无形的文化，宗教活动、红白喜事等习俗活动则是文化的载体，它们汇聚了全村人参加，使得村落更具有凝聚力。在村落中，庙宇、祠堂、书院、广场、门前空地、院落、河边都是文化的传承地。日常生活中，人们会在庙宇、祠堂等场所聊天、打牌，到了重大节日的时候，人们会在这里举行庆祝和祭祀活动，搭台唱戏，丰富了空间的功能，赋予空间的多样性，改变其功能的单一化。

3.2.3　经济性能

随着新的数字经济迅速崛起，非物质的价值决定物质的价值，决定物质的能力[9]。非物质文化遗产与其传承空间环境现在成了当地创新和发展的催化剂，这两种资源成为地方经济竞争优势，与之相关的文化和创意产业日益兴盛。在这种背景下，文化资源是工业化进程中的经济发展动因，首先将文化作为一个资产来保护，被视为重要的资源。比如陈醋酿造，由传统手工作坊的自家经营模式向工业化生产模式发展，扩大生产规模，建立了陈醋加工厂，为当地创造了经济效益。旧行业的变革，需要新的生产投入。我们知道有些非物质文化遗产没有更多的经济需求，比如用传统的社火活动中的纸扎技艺来谋生是很难的，然而，纸扎技艺可以通过改造，制作出样式新颖、图案更现代的商品，体现其商业价值。

非物质文化遗产对其传承空间环境的经济促进还体现在旅游产业，非物质文化遗产传承人和文化程度较高的当地人这两种身份，在旅游业中起着至关重要的作用，他们对文化的解读，会吸引更多的"文化旅游者"，而"文化旅游者"愿意请导游讲解，深入了解当地文化，以及购买手工制作的工艺品，他们是能够给当地的经济带来积极影响的。例如，在青城镇调研四合院时，刘氏家族的一位学者为笔者讲解了青城镇的历史、青城水烟、四合院，还有高家祠堂的后代对高家祠堂建筑文化、历史的讲解，都帮助笔者更深入地了解青城镇，作为一位初到者，笔者倾听到了当地的声音，了解到了当地的文化，也会有更多人倾听到这样的声音，并支持这里的传统文化。

文化对经济增长起到重要的促进作用，文化为创造性服务，它能够激发人们产生更多的想法和创新思路，丰富现有的知识或产生新的知识。文化的创新同样可以为它所在的村落创造新的发展机遇。

3.3 传承空间环境对非物质文化遗产的作用

3.3.1 场所精神

聚居在一个地区的人们，钻研建筑技术满足不同生活的需要，其经验日积月累，世代相传，总有独到之处，也自然地形成了地区的建筑文化与特有的风格和"场所精神"（Spirit of Place）[10]。知识、信念、记忆和意义在一个特定的地方并让我们依附于这个地方，代表我们是谁。文化意味着将既有"力量"转化成可以延伸到其他场所的意义[11]。非物质文化遗产的存在使得非物质文化遗产所存在的空间成了具有场所精神的建成环境，这也符合"Genius Loci"的原意，即"地方的守护神"。榆中县的非物质文化遗产所营造的场所精神是植根于地方性的，比如城隍庙的社火活动，有固定的场所，固定的表演路线，固定的表演内容，一般来说，人们停留在一个地区的时间越长，便会更依恋这个地方。

3.3.2 文化传承的空间载体

村落是非物质文化遗产的产生地，也孕育、培养和发展了非物质文化遗产，传承人作为创造、使用、传承非物质文化遗产的主体，与村落的关系是无可替代的。在村落中，非物质文化遗产的传承人与周围邻居有着共同的文化环境，其行为、生活方式、思想观念感染着周围的人，形成一个文化圈，各个文化圈形成了丰富的空间环境。传承人一代代地传承使其所在的村落空间形成了强烈的地域个性及深厚的历史积淀。

3.3.3 动态可持续发展

动态是非物质文化遗产在建筑空间环境的一种状态，可以理解为变化状态和活动状态，建筑空间环境则是给予了非物质文化遗产活动的空间，并在非物质文化遗产不断变化发展时记录其状态的一个空间载体。非物质文化遗产在特定的建筑空间发生、与其产生联系，在精神层面让人们产生地方文学依恋、场所感、场所认同等多种情感，这种情感具有可持续性，增加了人与人之间的情感共联，更有助于非物质文化遗产的可持续发展。

3.4　榆中县非物质文化遗产与其传承空间环境存在的现实问题

3.4.1　榆中县非物质文化遗产存在的现实问题

3.4.1.1　传统工艺失传

传统手工技艺类的非物质文化遗产受传承人的约束较多，一旦传承人去世，或者不再有人学习，造成传承断代，其很快就会消失，比较脆弱，自身发展受限。比如榆中县皮影戏，在 20 世纪 30~50 年代，皮影戏班在榆中县有 9 个，90 年代末，戏班陆续都停了，只剩下清水驿社的周文俊皮影戏班，目前榆中县皮影戏的非物质文化遗产传承人周文俊已经去世，皮影戏表演所用的戏箱也被皋兰县表演皮影戏的艺人买走，皮影戏这项非物质文化遗产在榆中县已经没有专业的皮影戏艺人来传承。

榆中县的传统建筑很多，都是传统的木质结构工艺，笔者在走访的过程中发现，保留下来的传统木质结构建筑建造工艺，都是由以前的老工匠一代传一代进而形成一套完整的传统木作工艺，在没有图纸的情况下，完全凭借经验建造房屋。其中，大木作的木材砍伐、制材、平木和穿剔等工艺，小木作的木雕技艺，都具有很高的科学价值。如今多数的年轻木匠已不具备掌握全套工艺的能力，而且关注的人也越来越少，传统营造工艺日渐式微，面临失传的状况。

3.4.1.2　传统的非物质文化遗产受现代文化的冲击

传统的节庆类非遗活动传承至今，其内容基本都是以当时的历史和文化背景创作的，有着厚重的文化积淀，相邻的地区也在一定程度上达到了文化互融，丰富了当地的文化多样性。然而随着文化传播和发展，现代文化也在简单直接地冲击着传统的非物质文化遗产，对当地的传统文化造成较大的影响，也在一定程度上削弱了地区的文化个性和认同感。

3.4.2　榆中县非物质文化遗产相关空间环境存在的现实问题

3.4.2.1　村落风貌趋同化

榆中县内非物质文化遗产的传承空间环境类型多样化，不同类型的传承空间环境都需要适应自身特征的保护方法。然而，村镇在建设过程中对功能、形态等相互模仿，出现趋同化现象。在相关政策出台后，各个村镇也都相继推出了规划方案，从历史文化、空间结构、休闲产业等方面开展实施。实际上，各个村镇的资源特色不一样，村镇建设也应有不同的思路。在榆中县村镇发展过程中，非物质文化遗产的传承空间环境没有得到针对性保护，比如马衔山秧歌的表演空间，在建设过程中，对文化与经济、社会、生态、环境之间的平衡关系考虑不足，导致马衔山秧歌得不到有效的保护及发展，已经濒临灭绝。村落建设时，有的村镇在设计过程中，虽然考虑到要彰显文化特色，但只是对传统建筑风格和传统文化符号的简单复制。有些村镇则是完全没有考虑到新建筑是否与村落风貌相协调，新建筑的风格各异，反而破坏了非物质文化遗产的传承空间环境。

3.4.2.2 原有的居民老建筑破损严重

老建筑的损毁和拆除使得原有的街巷空间格局发生变化，一些新建筑的建成，失去了原有空间的文化环境，也失去了历史的记忆。部分原有居民迁出，一是迁出去城镇生活，二是因村落的整体规划，一些民居改造成商铺，这些情况导致邻里关系缺失，留下来的老房子没有人维护，继而越来越破败，没有及时得到保护的民居损毁严重，甚至已经无法修复，最后只能拆除。这些情况都影响着原有街区的空间格局、人文环境和社会关系。

3.4.3 榆中县非物质文化遗产与其传承空间环境保护的现实困境

3.4.3.1 内因

1. 社区参与不足，保护意识薄弱

地方的文化遗产，离不开当地人的参与，需要做整体的社会学研究，在社会学的视野下，出现了"社区"概念，虽然"社区"在社会学中有 90 多种不同定义，但它基本可以被视为"地域、宗教、民族、种族、职业或活动的同义词"[12]。社，指明了人类群体的共生关系；区，则指明了地点、区域的空间关系[13]。社区是具有地域界限的社会群体，是在一定区域内的社会生活方式或多种社会制度相互关系的结构[14, 15]。

受经济和文化水平限制，县域的非物质文化遗产与其传承空间环境的保护比城市要薄弱。传承人和当地居民对文化遗产的保护意识及参与性不高，甚至部分参与规划与设计的基层技术人员也对文化遗产保护的具体实施细节把控不到位。保护意识的缺乏主要体现在以下方面：

首先，当地居民和传承人对这里的手工技艺及民俗活动等有着较深厚的感情交互，影响着他们的日常生活，但是认知程度也仅限于与日常生活相关的内容，他们并没有意识到传统文化的价值及意义。当地政府对于传统文化保护的认知教育及宣传工作需要进一步加强，许多历史建筑在当地人眼里并没有价值，一些历史建筑保留下来是因为房屋拥有者没有经济实力盖新房。非物质文化遗产的传承人因知识水平和自我认知的不同，对非物质文化遗产的保护态度也不同。比如榆中县古建筑模型制作技艺的传承人，对自己所传承的这项传统文化有着积极的保护态度，并且认真钻研这项非物质文化遗产如何创新，如何在保护的同时提高经济效益。然而，青城镇道台狮子表演的传承人，认为将所有技艺交给年轻一代，自己的地位会受到影响，因此，在传授表演绝技的时候有一些关键性的技艺没有传授给学习的年轻人，使得道台狮子这项非物质文化遗产无法得到完整的传承。

其次，参与规划及设计的基层技术人员缺少专业知识的学习，对非物质文化遗产及其传承空间环境的整体性保护认识不足，有些历史建筑的保护不单单是实物的保护，与其相关的历史、文化，也都需要保护，目前的很多文化遗产保护中的历史建筑、非物质文化遗产与其历史环境脱离关系，整体的历史风貌都被破坏。

2. 非物质文化遗产的传承空间流失

传承空间的流失会导致非物质文化遗产的数量和质量下降，大部分非物质文化遗产都需要在固定的空间内才能够长期稳定地生存，这个空间可以是庙宇、戏台、村落、街巷、院落，是承载非物质文化遗产的重要空间，如果空间消失或改变了，那么非物质文化遗产也会随之消失。

3.4.3.2　外因

1. 旅游发展不均衡，保护力度不均

旅游业，一方面可以对非物质文化遗产传承产生非常积极的推进作用，促进传统文化的发展；另一方面则可能导致传统文化的特色缺失。

榆中县紧邻兰州市区，交通便利，有着地理位置上的优势，对历史遗产的保护工作相对重视，但是保护工作仍然存在不足，一些世代相传的手工技艺没有得到很好的传承。这些年来，随着历史文化名镇名村保护条例的出台，相关资金运转充足，带动了榆中县历史文化村镇的保护与发展，被评为历史文化名镇的青城镇和金崖镇，历史文化遗产资源丰富，成为榆中县重点保护对象。从保护的现阶段成果来看，青城镇在旅游规划方面一直走在前列，2018年国庆节期间古镇接待游客量为2.95万人次，旅游总收入222万余元，年游客接待量为12万人次。日益蓬勃发展的旅游业，一方面体现了古镇传统文化自身的社会价值和经济价值，另一方面也让游客们认识到古镇的独特风貌和丰富多彩的地方文化，起到了传播并发扬传统文化的作用，但是旅游开发有利有弊，村镇旅游开发的积极意义是对有着悠久历史的文化遗产进行保护和再利用。然而，目前的规划大多都是大跨步式，以经济效益为目标，新建仿古建筑，将历史街区翻新改建，沿街新建商铺。这样的发展模式导致了历史文化村镇原始风貌被破坏，一些不可再生且十分脆弱的非物质文化遗产在旅游业发展的洪流中被遗忘。

其他散落在传统村落中的一些非物质文化遗产，虽然特色显著，但是旅游资源开发不足，比如马衔山地区，自然环境优美，这里的马衔山秧歌、元古堆柳条编织技艺、纸扎技艺等非物质文化遗产地域特色明显。调研时得知，因资金不足，村里人逐渐都不愿意无偿举办马衔山秧歌活动，马衔山地区的旅游吸引力和影响范围基本处于自然状态，影响范围很小。地处平原地区的金崖古镇的旅游业尚未发展起来，传统村落的风貌保持较完整，现阶段实施的规划，仅是对古建筑进行修缮工作，非物质文化遗产保护力度不足，呈现出逐渐衰落的态势。

从以上内容来看，榆中县的旅游业发展呈现两个状态，一是过度开发，资金充足，但是非物质文化遗产所处的环境压力过大；二是开发不足，虽然现阶段非物质文化遗产及其传承空间环境没有因过度开发而遭到破坏，但是因为旅游资源不能被充分利用，缺少旅游资金，导致对非物质文化遗产及其传承空间环境的后续保护造成不利影响。

2. 生态环境遭到破坏

非物质文化遗产不可以脱离其传承空间环境，而生态环境也是传承空间环境中不可缺少的部分。从榆中县非物质文化遗产所处的环境来看，周围的植被、水系和山脉等自然环境是村镇存在和发展的依托。但随着经济快速发展，对生态环境带来了很多破坏。榆中县一些村镇为了追求短期的经济增长，不考虑生态环境保护，发展高污染、高能耗的产业，造成了周边镇域的土壤、水和大气污染，榆中县现有工业污染源企业多达 28 家。

榆中县南山地区森林覆盖面积广，自然风景优美，这里的兴隆山旅游风景区离县城仅有 5km，每年都会举办六月六庙会活动，具有浓郁的节日气氛与文化氛围，在举办庙会活动的时候都会吸引来大量的游客，好处是游客的到来对民俗活动的传播及认知起到积极的作用，给榆中县带来经济发展，坏处是对原有的兴隆山生态环境、历史环境和文化内涵造成了一定的破坏。如何在这几个方面取得平衡是需要考虑的问题。

3. 遗产管理机制不完善

（1）缺乏法律保护机制

1982 年我国颁布了《中华人民共和国文物保护法》，2011 年颁布实施了《中华人民共和国非物质文化遗产法》[16]，对于指导非物质文化遗产与其传承空间环境保护的法律体系还不完善，《中华人民共和国文物保护法》有关民事责任的规定主要体现在第 65 条，其中规定"违反本法规定，造成文物灭失、损毁的，依法承担民事责任"。《中华人民共和国非物质文化遗产法》中也仅提出对特定区域中的物质文化遗产与非物质文化遗产整体保护的原则。其中，第 40 条规定"违反本法规定，破坏属于非物质文化遗产组成部分的实物和场所的，依法承担民事责任"[17]，但是对破坏到什么程度、承担什么样的民事责任没有明确的法律规定。对"盗窃、哄抢、私分或者非法侵占国有文物"的行为应当追究刑事责任[18]，但是现有的《中华人民共和国刑法》并没有对此作出针对性的判罚。在本书研究的农村地区，需要保护好人们生活的生态环境和人文环境，包括自然风景、聚落形态、传统建筑、传统文化等，通过制定适合本地实际情况的地方性法律，使得保护的过程中有法可依。

（2）遗产保护工作不足

榆中县文化馆对榆中县的非物质文化遗产及遗存作了调查与统计，其中省级、市级与县级的非物质文化遗产共 100 项，笔者在做非物质文化遗产调研统计的时候发现，有一些项目因为各种原因已经导致失传，却没有及时更新统计数据。有一些项目在当地传承状况良好，有非常好的基础，现状也很好，却没有入选名录。比如青城古镇的城隍出府表演活动，实际调研后发现，在当地，城隍出府的表演活动非常盛大，周边市县的人们都会前来参加当天的活动，是青城古镇非常重要的一项非物质文化遗存，现在每年的活动基本都是村民自发组织，但是目前没有相关的保护政策。

青城古镇的古民居在 2013 年才开始正式委托甘肃省文物保护维修研究所做修缮工程勘察报告，开始逐渐进行古民居的修缮工作，很多古民居在修缮时破损情况已经很严重，造成了不可挽回的损失。

（3）多方利益冲突

在我国的非遗旅游实践中，也面临诸多问题，如注重经济效益忽视社会效益，忽略非遗传承规律盲目开发，忽视社区居民利益等，国外学者对有关非遗利用的主导权、非遗传承人的权利维护、利益相关者权利关系冲突与协调、非遗利用中的文化霸权、权力博弈等研究，都是国内非遗旅游亟待开拓的研究领域，特别是像我国这样民族众多，地区发展不平衡，文化多元化的状况，政府和运营商主导下的非遗旅游开发权利关系的协调是非遗保护与传承发展的关键[19]。

例如：在上海老城厢保护规划的会议上，专家学者阮仪三提出老城厢保护遵从"老传统、老格局、老尺度、老风情"的原则，遭到了会议上其他人的反对，因为复兴路要开通，要拓宽，豫园商场要扩建，建大楼，开金店，牵扯到多方利益，最终只能保护几处文物保护单位，其他都要改造[20]。榆中县的历史文化遗产保护也受到了这些因素的影响，利益冲突导致文化遗产的保护出现停滞，其生存环境被破坏等负面影响。

当地居民日益提升的现代化生活需求与其所在地的遗产保护产生了矛盾与冲突，居民的生活需求如果得不到保障，如何支持遗产保护工作。在保障居民合理生活需求的同时，满足遗产保护的要求，又不对遗产本身产生威胁，需要从遗产保护技术层面及人性化管理角度进行更深入的研究探讨。

3.5 小结

本章旨在通过共时研究探索榆中县非物质文化遗产和建筑空间环境的关系，以及相互之间的作用，并找出客观存在的现实问题，为后续的保护研究提供基础。榆中县的构成特征是这一地区的文化、社会、经济的历史积淀。从形态类别的角度讲，这种积淀既包括非物质的精神形态累积，又涉及物质空间的形态叠加[21]。榆中县的非物质文化遗产类型也存在着不均衡的特征，主要集中在传统手工技艺和民俗类项目。从村、镇域格局来看，其是由"多类型环境"所构成的，按照非物质文化遗产的不同特征、非物质文化遗产传承空间的不同形态被分为不同的类型，涉及整个村域、镇域范围的非物质文化遗产，以民俗、节庆类有行进线路的类型为主；从建筑空间格局来看，公共建筑空间、民居院落空间和建筑结构及细部与非物质文化遗产的关系密切。

通过对非物质文化遗产与其传承空间环境的关系进行深入分析，探讨二者之间的相互作用，证实非物质文化遗产与其传承空间环境的共同保护有利于这一地区动态可持续发展。通过对榆中县目前非物质文化遗产与其传承空间环境存在的现实问题及保护的现实困境的分析，找到适合其发展的方法及路径。

参考文献

[1] 韦宝畏，等.基于非遗传承的朝鲜族传统村落文化空间建构——以图们市典型朝鲜族传统村落为例[J].西安建筑科技大学学报（社会科学版），2019，38（6）：32.

[2] [5]王丹玲.青城古建筑装饰解读[D].兰州：西北师范大学，2007.

[3] 王婧.宁波甬上证人书院建筑艺术探析[D].杭州：浙江理工大学，2016.

[4] 梁思成.中国雕塑史[M].天津：百花文艺出版社，2006：06.

[6] 林志森.基于社区结构的传统聚落形态研究 [D].天津：天津大学，2009.

[7] 国家文物局.世界遗产与可持续发展 [M].北京：文物出版社，2012：241.

[8] 陈富祥.非遗保护中的褶皱与张力——以甘南牧区为例谈村落文化、活态文化、文化空间对非遗保护的作用 [J].西北民族大学学报（哲学社会科学版），2016，11（6）：57.

[9] The Revival of Social Function of Cultural Heritage[J]. City，Culture and Society，2012，（3），229-233.

[10] 李和平.重庆历史建成环境保护研究 [D].重庆：重庆大学，2004.

[11] Norberg-Schulz C. Genius Loci：Towards a phenomenology of architecture[M]. New York：Rizzoli，1980：170.

[12] 陈一筠.城市化与城市社会学 [M].北京：光明日报出版社，1986：120.

[13] 桂若棣.城市化：档案工作新的增长点—加快城市化进程带来新的挑战 [J].档案与建设，2002：5（4）：21.

[14] 高春光.论老舍作品中的京味城市文化 [D].上海：上海社会科学院，2006.

[15] 杨东平.城市季风：北京和上海的文化精神 [M].北京：新星出版社，2006：44.

[16] 朱兵.我国非物质文化遗产保护与立法 [J].文化遗产，2012（2）：1-16.

[17] 崔璨.农村历史文化遗产法律保护的困境与出路 [J].河北工业大学学报（社会科学版），2018，10（4）：57.

[18] 中华人民共和国文物保护法 [EB/OL].中国人大网，2015，08.10.

[19] 宋立中.国外非物质文化遗产旅游研究综述与启示——基于近 20 年 ATR、TM 文献的考察 [J].世界地理研究，2014，23（4）：136-147.

[20] 阮仪三.古城笔记 [M].上海：同济大学出版社，2013：22.

[21] 戴彦.巴蜀古镇历史文化遗产适应性保护研究 [D].重庆：重庆大学，2008.

第4章 榆中县非物质文化遗产与其传承空间环境适应性保护的方法研究

4.1 适应性保护对榆中县非物质文化遗产及其传承空间环境的作用

4.1.1 显性作用

适应性保护对榆中县非物质文化遗产与传承空间环境的发展起到直接的作用。第一，有针对性地解决不同类型、不同现状的非物质文化遗产与其传承空间环境面临的问题，在一定程度上减少非物质文化遗产的流失。第二，随着县域经济的发展，政府加大力度对历史文化名镇、名村进行规划，但因急于挖掘经济价值，使得一些传统村落、历史古镇被过度开发，适应性保护的研究方法能够在城镇更新的过程中，减少对非物质文化遗产与其传承空间环境的破坏，有效地保护榆中县文化的多样性。并且对不同类型村镇的非物质文化遗产与其传承空间环境进行分析，寻找适合其发展的方法。例如，榆中县的甘草店镇，自古就是甘肃中部的重要交通枢纽，也是丝绸之路的必经之地，上古时期羌戎聚居在这里，直到明代，陕西驿道形成了甘草店，甘草店成了贸易往来的重要驿站点，清咸丰年间发展为全国销售甘草的集散市场[1]。马社火和泰山庙会，都是在当地广受欢迎的非物质文化遗产。在保护甘草店镇非物质文化遗产的过程中，需要考虑非物质文化遗产及其传承空间环境的特征，发展要由单一化向多元化转变，通过风貌营造，适当重现丝绸之路"旱码头"风貌形象，重现庙会文化，促进庙会文化、丝路文化与集贸产业的协同发展。

4.1.2 隐性作用

非物质文化遗产为榆中县的发展带来新的机遇，对传统空间环境的保护有着积极的作用，这种作用可能是潜在的隐性作用。适应性的保护过后，一些适应现代生活的非物质文化遗产有了新的发展机遇，例如：由牡丹种植技艺发展起来的牡丹观赏园，陈醋加工厂等，它们为整个地区的经济发展作出了较大贡献。它们并不是以传统特色模式发展起来的，相反，一些利润并不是那么高的非物质文化遗产为这些对经济发展带来贡献的非物质文化遗产提供了发展的机会，非物质文化遗产之间有着潜移默化的相互作用。

4.2　适应性保护的必要性

4.2.1　城镇功能特征的合理发挥

从社会发展的角度来说，传统村镇还会不断地变化，聚落从开始到将来，它都一直在变化，在新旧交替中呈现生生不息的传统风貌，城市或村镇都是新旧建筑的拼贴，曾经的空间形态必然会随着时代的发展变化、消失。所以，我们保护村镇文化遗产，从某种意义上来说是为了减缓村镇风貌变化的速度，提供合理的变化发展策略，也是因为存在这样一个不断变化、适应、发展的过程，才使得历史文化保护成为可能和必要 [2]。

县域的非物质文化遗产分布受地形地貌、气候等因素影响，村镇的分布也不尽相同。在保护的时候，我们需要因地制宜，通过对各村镇的风貌特征分析，进行适应其发展的合理规划布局。有些村镇只有一种非物质文化遗产，比如高崖镇新窑坡村的土榨油制作技艺，其制作工艺完整，有很高的历史价值，并且榨制后的成品菜籽油有非常大的市场前景。榨油作坊在新窑坡村已有上百年的历史，当地政府和村民没有意识到土榨油技艺可能带来的经济效益，如果可以将土榨油技艺产业化发展，其所带来的经济收益，一方面可以提高当地人们的生活水平，另一方面更有利于对土榨油技艺及榨油作坊的保护。比如，还有一些地方的庙会活动，因镇域空间的发展变化，已无法满足人们在观看庙会、表演时的空间需求，就需要根据现状需求，进行适当的调整，有些庙会活动线路也需要调整，一方面满足庙会活动空间需要，另一方面满足空间的日常使用功能需求。

4.2.2　有利于非物质文化遗产与其传承空间环境的共同发展

非物质文化遗产与其传承空间环境的直接或间接的关系和作用在前面的章节已经进行过论述，它们有着相互促进的作用，是村落构成的核心要素，在城镇化加速的背景下，非物质文化遗产与其传承空间环境也在发生着变化，传统文化、建筑空间环境、人们的生活方式、价值观都受到影响。

因为保护不及时，很多历史建筑损毁严重，已经不可修复，有些历史建筑，因人们对其不重视，已经拆除，非物质文化遗产也因为各种原因逐渐变少，村落的文化价值变弱，文化的多样性受到冲击。

村落的发展不仅是物质条件的提升，也是非物质文化的精神传承过程。城镇化更新背景下，物质形态载体和非物质意识形态载体需要共同发展，相互促进，为发展提供一些新的思路与路径。

4.2.3 生态环境的提升

非物质文化遗产传承空间环境的可持续发展，是建立在良好的生态环境的基础之上。可持续发展也包括旅游产业的发展，它对当地的经济发展起到重要的作用，既可以促使生态环境改善，也有可能会破坏生态环境；好的生态环境能够促进旅游业的发展，而旅游业的良性发展，也可以促进生态环境的改善，二者是可以实现良性循环的。

榆中县的生态环境资源优势明显，人们的生活水平在逐渐提高，但生态环境却越来越差。因此，我们在提高生活水平的同时，也要注意保护好身边的生态环境，使得文化产业与旅游业、生态环境之间的耦合度逐渐加强，形成良性循环，从而有效地促进区域经济及生态的协调发展。

4.2.4 多元价值的发挥

在榆中县的非物质文化遗产普查过程中，发现部分非物质文化遗产与其传承空间环境的自身产业开发的价值不足，然而，文化遗产的价值是由多维度组成的价值体系，存在于生存的空间环境中、与当地人的相互关系中，非物质文化遗产的基本价值包括"历时性基本价值：历史价值、文化价值、精神价值"，以及"共时性基本价值：科学价值、和谐价值、审美价值"。其重要时代价值则体现为"教育价值、经济价值"[3]。面对产业化发展，一些非物质文化遗产与其传承空间环境因自身具备产业化开发的条件，得到了较好的保护与发展。而一些没有被开发的非物质文化遗产与其传承空间环境，缺少的并不是自身的价值，而是发掘价值的条件，有些遗产还没来得及创造价值，就消失殆尽了。

目前，榆中县大部分有经济价值的文化产业被当地政府所重视，并且得到人力、财力扶持，但是有一些文化产业目前还没有发挥出其真正的经济价值，得不到重视，可能就会被人们遗忘或消失。因此在保护的过程中除了注意保护非物质文化遗产与其传承空间环境本身，还要考虑它们所带来的多元文化价值，比如榆中县的民间传说故事、人生礼仪、民间谚语等，还可以对当地一些历史建筑空间进行再利用，通过陈设、展馆或者讲堂等形式传播这些传统文化，提高当地居民对传统文化的认知。

4.3 榆中县非物质文化遗产与其传承空间环境适应性保护的技术方法

广义建筑学中对建筑的定义从单体扩展到建筑周边环境，人居环境科学中提出"人居环境研究的思想和方法，不是简单认识的叠加，而是对开放的复杂的巨系统方法理念的掌握"[4]。"我们在借鉴道氏理论的基础上，根据中国存在的实际问题和人居环境研究的实际情况，初步将人居环境科学范围简化为全球、区域、城市、社区（村镇）、建筑五大层次"[5]。本书对榆中县的研究也将从广义的层面展开，对县域整体、镇域、建筑三个层次论述（图4.1）。

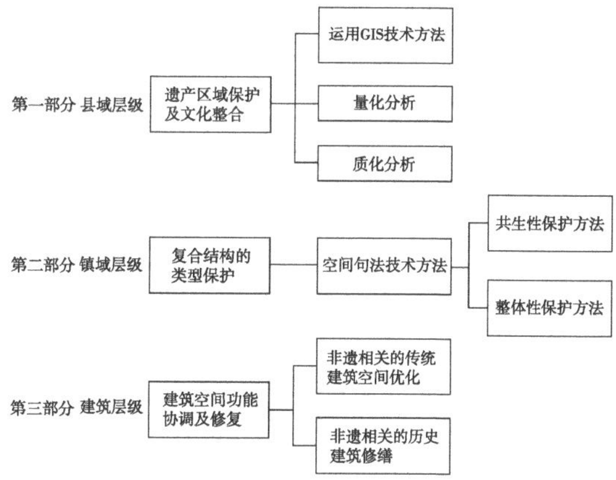

图4.1 技术方法的运用
（来源：作者自绘）

榆中县内有着相同的社会体系、历史信息和地域文化背景，在这样的体系下从宏观层面进行遗产的区域保护并对文化进行整合，更有利于榆中县非物质文化遗产与其传承空间环境整体性的研究；村域、镇域空间环境较为复杂，不同类型的非物质文化遗产和其传承空间环境，还有二者之间关系的复杂性，导致在这一层面无法寻找统一的保护模板来套用，需要具体问题具体分析，因此在这样的条件下提出复合结构的类型保护方法；建筑个体的个性化特征较明显，非物质文化遗产与建筑空间关系的密切程度有所不同，与非物质文化遗产关系密切的空间，相关的活动是直接在空间内进行的，并影响着空间的布局，需要重点保护，因此在保护的过程中我们需要着重保护与非物质文化遗产关系密切的建筑空间，由此提出了建筑修复及空间功能协调的保护方法。

4.3.1 遗产区域保护及文化整合——县域层级

"遗产区域"是"美国遗产区域保护体系"中的专有概念，对于这个定义及其现实意义，研究者转述后有一个简短的评价：所谓遗产区域，就是为了当代和后代的利益，由居民、商业机构和政府部门通过伙伴合作关系，共同参与、提升、保护、解说，促进社区自然和文化遗产发展的区域[6]。

随着学科的发展，区域视野的综合研究是必然趋势[7]。这使得区域化、网络化逐渐成为遗产保护的新领域[8]。在地区发展现实中，农村不再是与城市相对立的概念，而是逐步被"地方"这一中性概念所取代[9]。村落不再是一个孤立的地域社会，而是发展成与县镇为一体，实现广域的空间联动和文化联动。本书主要是以行政区域限定保护范围，按照县域范围的区域视野综合研究，可以让我们更宏观、整体地研究保护问题。

《榆中县城市总体规划（2014—2030年）》的县域历史文化资源保护规划章节中提到分别对历史文化名镇、文物保护单位以及非物质文化遗产的三项内容保护，缺少整体性的保护规划策略，有必要对地方文化发展作整体规划，鼓励除地方政府、规划人员之外的专家学者、民间协会、当地居民等所有空间相关者参与。

发展榆中县的非物质文化遗产与其传承空间环境，一方面，需要推进文化资源开发，提升区域文化力，通过区域内的经济产业带动文化发展；另一方面，以文化为载体，改善空间环境，发展地方经济。通过区域文化发展的主体（政府、企业、消费者等）、规划的载体（传统文化、空间环境等）、发展的模式（创作体验、课堂讲授、传播流通等），建立规划机制、优化环境、发展产业，满足居民日益增长的美好生活精神文化需要。规划载体是文化发展建设的全部物质体现，既是人们实现文化消费和满足精神需求的基本依托，又是所有文化活动开始和实施的主要物质媒介[10]。通过政策引导、体系完善和环境优化等方法，保障榆中县非物质文化遗产与其传承空间环境同发展成果的共享与对接。

对非物质文化遗产相关空间分布的类型、镇域类型差异、密度分布特征进行整体性分析，总结出榆中县非物质文化遗产空间分布的特点。榆中县非物质文化遗产与空间环境较为密切的类型主要有两类，一类是节庆类非遗，从时间维度、空间维度两方面对节庆时间及空间分布特征进行量化分析；另一类是传统手工技艺类非遗，通过建立质量评定体系，对榆中县传统手工技艺的相关空间进行质量类比分析，最后提出针对节庆类非遗的量化以及传统手工技艺类非遗的质化保护措施。

4.3.2 复合结构的类型保护——镇域层级

所谓"类型保护"，是指从非物质与物质两大层面切入，针对非物质文化遗产依托的不同村镇结构形态采取对应的方法，并结合不同空间的差异，分类制定的类型化的保护策略。

非物质文化遗产的类型是多样的，它所承载的空间环境也是复杂多变的，榆中县非物质文化遗产与其传承空间环境的关系比较复杂，需要充分地考虑两者之间的具体互动关系以及周边环境，通过适应性保护的方法，对不同的类型提出具有针对性的策略及模式，进行"类型保护"，这种类型保护，是指从非物质文化遗产的类型特征以及非物质文化遗产所依托的传承空间环境类型特征两个层面切入，针对榆中县村镇范围非物质文化遗产与其传承空间环境的关系、相互作用及影响，以及未来的发展采取的应对方法，并结合类型差异，形成类型化的保护方法。

4.3.2.1 以线形结构为特征的分散型保护

以线形结构为特征的非物质文化遗产类型，以民俗活动类为主，具有参与人数较多，活动涉及村落较多，与各村落的核心建筑关系较密切，活动的行进路线基本固定等特征，这类民俗有固定活动时间，在活动结束后，人们的日常生活照旧。因此，在保护这类非物质文化遗产与其传承空间环境时不宜整体性保护，在保护非物质文化遗产本身的同时，对与其相关的建筑空间和活动的行进路线以及周边环境进行共生性保护，一方面非物质文化遗产活动能够继续传承，另一方面不影响居民日常生活，在此基础上对其居住环境进行改善。民俗活动的空间主要包括行进道路、祭祀空间及表演活动场所，其中行进道路包括街巷形态及街道两旁的建筑形态。

4.3.2.2 以面域结构为特征的聚集型保护

以村落整体的面域结构为特征的聚集型空间环境与非物质文化遗产的关系非常密切，主要关注的是各村镇的空间要素，包括街巷、街区、节点、建筑等，街巷形态的保护需要考虑街巷的尺度变化、自然形态、美学需求、景观视野以及街巷与村镇外部的道路联系等；山地村落还需要重点保护街巷与地形的关系；历史古村镇还需要保护街巷的地面铺装及铺砌的形式等历史风貌，防止人为破坏。例如，青城古镇在进入历史文化名镇保护名录后，当地政府引入旅游业，成立旅游公司，对古镇进行了大刀阔斧的改造，使得古镇的历史风貌受到影响。

街区的保护需要注意对建筑整体形态、外立面等风貌要素的保护，以及节庆类活动的人流量承载能力。从整体形态来看，榆中县有历史建筑的街区，也有普通的街区，有平缓地带的，也有山区地带的，这些形态都是街区自然生长的结果，需要从保护街区历史风貌出发，对街区的地形地貌进行保护，在可更新的范围内最低程度地改造；节点的保护主要是街巷的交会处、重要的公共空间等，这也是非物质文化遗产活动时的重要节点，需要结合非物质文化遗产活动的需要，进行保护及后期的延续；建筑的保护主要是以建筑的形态、功能为主，在色彩、形制上与周围环境和谐统一，公共建筑在功能上可以多元化发展，丰富建筑空间。

在线型结构和面域结构为特征的保护中，引入了空间句法，通过"点""线""面"三个维度对其承载空间和路线进行分析，探究非物质文化遗产的活动路线与村落空间形态的逻辑关联。

4.3.3 建筑空间功能协调及修复——建筑层级

1999 年，国际古迹遗址理事会（ICOMOS）通过《保护民间建筑的国际宪章》，该文件明确了对一般历史建筑的保护。适时将"文物古迹"保护概念拓展为"建筑遗产"保护概念，有助于完善遗产的系统[11]。

榆中县的历史建筑都承载着历史文化，对历史建筑的修复，需要遵循"真实性"原则，《威尼斯宪章》提出的"真实性"原则，成为现代遗产保护修复的核心理念。既要保护传统的历史风貌，又不能因为传统而一味地仿古，也要因时代需求提升居住质量[12]。

李格尔讲过：从古迹的有意为之价值，经过历史价值直到老化价值，从更总体的维度而言，上述过程仅是现代时期完全主流的个人解放（Emanzipation des Individuums）的组成部分[13]。这里面讲到的老化价值是"在有形遗产领域用来泛指所有物质材料在漫长的时光流逝中，与自然或人为环境相互作用而获得的具有特殊历史、文化与审美意义，并赋予有形遗产特有历史感的变化痕迹"[14]。

建筑空间的修复也要遵循"整旧如旧"的原则，在修复的时候需要注意建筑的历时性带给我们的老化价值，也要注意建筑因保护价值不同，保护的方法也应有所调整。建筑的功能性衰退，也是时代不断发展显现出的一种重要的问题，我们对建筑需要多种保护方法，从历时性的角度看，建筑在各个历史节点的功能性会有所不同，一方面，我们需要考虑非物质文化遗产相关的建筑空间文化功能的延续，另一方面是根据非物质文化遗产对功能的需求进行适应性的调整。

非物质文化遗产的相关建筑空间因为年代久远，受各方面的因素影响，出现建筑构件损毁、功能改变的现象，对其的保护应从空间修复方面对历史建筑的建筑形制、立面、风格的延续进行探讨，从功能协调方面对空间布局、空间形式等加以改善。以期保护非物质文化遗产与其传统建筑空间急剧消退的价值。

4.4 小结

适应性保护对榆中县非物质文化遗产及其传承空间环境的作用主要有显性作用和隐形作用。显性作用是能够在城镇更新的过程中，减少对非物质文化遗产及其传承空间环境的破坏，有效地保护榆中县文化的多样性，寻找适合其发展的方法。隐形作用是能够对那些目前经济效益不是很高的非物质文化遗产，在适应性保护过后，潜移默化地为这个地区提供了新的发展机遇。

从城镇功能特征的合理发挥、非遗和空间共同发展、生态环境的提升、多元价值的发挥四个方面阐述了适应性保护的必要性。通过城镇功能特征的合理发挥，使得村镇风貌发展的同时，非物质文化遗产与其传承空间环境仍能得到很好的保护。同时，在不断的城镇化更新背景下，物质形态载体和非物质意识形态载体共同发展，相互促进，也为城镇化的发展提供了一些新的思路与发展路径。非物质文化遗产的传承空间环境可持续发展，是建立在良好的生态环境的基础之上。在保护的过程中，除了注意保护非物质文化遗产与其传承空间环境本身，还要考虑它们带来的多元文化价值，比如挖掘多种表现传播形式，一方面提高当地居民对传统文化的认知，另一方面为外来游客讲解当地的传统文化，提升当地的文化旅游价值。

榆中县保护的内容涉及宏观、中观、微观三个层面。从宏观层面进行遗产的区域保护并对文化进行整合，更有利于榆中县非物质文化遗产与其传承空间环境整体性研究。中观层面的村镇需要具体问题具体分析，在这样的背景下提出复合结构的类型保护方法。微观层面对于保护与非物质文化遗产密切相关的建筑空间，提出了建筑修复及空间功能协调的保护方法。

参考文献

[1] 叶青，等. 集贸小镇风貌特色的共生性营造策略研究——以榆中县甘草店镇为例 [J]. 华中建筑，2020，1（1）：60.

[2] 刘奔腾. 历史文化村镇保护模式研究 [M]. 南京：东南大学出版社，2015：63.

[3] 刘芝凤，和立勇. 弱经济价值非物质文化遗产保护刍议——以福建省非物质文化遗产保护为例[J]. 中国人民大学学报，2018，1（1）：20-26.

[4] [5] 吴良镛. 人居环境科学导论 [M]. 北京：中国建筑工业出版社，2001.

[6] 赵心宪. "土司区"设想"遗产区域"理念——重庆渝东南土司文化遗产研究观念刍议 [J]. 黔南民族师范学院学报，2019：6（3）：5.

[7] 杨宇振. 人居环境科学中的"区域综合研究" [J]. 重庆建筑大学学报，2005，27（3）：6.

[8] LARSEN K E，Marstein N. Conference on Auhenticity in Relation to the World Hertiage Convention[C]. Tapir Porlag Norway，1994：13.

[9] 李国庆. 日本的地方环境振兴：地方循环共生圈的理念与实践 [J]. 日本学刊，2018，9（5）：148.

[10] 马海龙. 区域文化发展规划编制要点解析 [J]. 北方民族大学学报（哲学社会科学版），2018，143（05）：137-144.

[11] 陈蔚，胡斌. 当代城市历史遗产的保护——以"互补方法论"的观点 [J]. 重庆建筑大学学报，2005，10（5）：22-24.

[12] 何应松. 文物修缮"整旧如旧"不科学 [N]. 中华建筑报，2004（03）：26.

[13] 陆地. 梁思成的"整旧如旧"和西方的相关概念 [J]. 时代建筑，2017，11（6）：141.

[14] 陆地. "古锈"及其对建筑遗产的价值 [J]. 城市建筑，2015：4（10）：26-29.

第 5 章　榆中县非物质文化遗产与其传承空间环境的适应性保护措施

5.1　榆中县遗产区域保护及文化整合

5.1.1　榆中县非物质文化遗产空间分布特点

5.1.1.1　空间分布类型

通过运用空间句法的平均最近邻工具，计算榆中县的非物质文化遗产数据，得出非物质文化遗产的平均最近邻指数。从 9 项不同类型的非物质文化遗产来看，平均最近邻指数大于 1 的有 3 项，属均匀型分布，小于 1 的有 6 项，属于聚集型分布，因为平均最近邻指数越大，集聚性越小，平均最近邻指数越小，聚集性越大。以这样的规律看，音乐类聚集指数高，民俗类聚集性较低，民间文学类集聚性最低，美术类则呈聚集分布。

从总体数据来看，榆中县内的非物质文化遗产在空间上是集聚型分布，由于不同非物质文化遗产的类型间集聚程度不同，并且各类型之间存在差异，榆中县非遗在空间上的分布特征和非遗各自的属性、流传度等因素关联较密切（表 5.1）。

榆中县非遗平均最近邻指数（来源：作者自制）　　　　　表5.1

类型	总量	舞蹈	民俗	音乐	技艺	文学	戏剧	美术	曲艺	体育、游艺与杂技
平均最近邻指数	0.44	1.04	0.67	0.34	0.51	0.89	1.19	0.04	0	1.14
空间结构类型	集聚	均匀	集聚	集聚	集聚	集聚	均匀	集聚	集聚	均匀

5.1.1.2　镇域间类型差异

榆中县不同乡镇间的背景与环境存在差异性，这种差异性特征使得这里的非遗比较丰富。县内的非遗项目以青城镇和城关镇最多（图 5.1）。

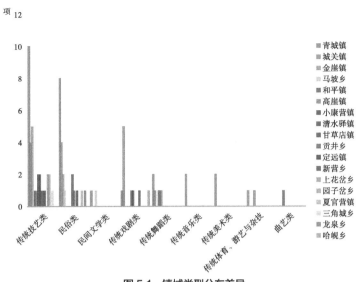

图 5.1　镇域类型分布差异
（来源：作者自绘）

5.1.1.3　分布特征

1. 密度分布特征

榆中县的非物质文化遗产整体呈团状分布，且有两个主核心区，两个次核心区，其中一个主核心区由青城古镇四个村落向外辐射，另一个主核心区由城关镇向外辐射。两个次核心区以金崖镇和马坡乡为中心，但核密度较小，覆盖面积不大。榆中县各个乡镇的非物质文化遗产的数量与其人口密度成正比，当地的居民是非物质文化遗产的重要载体。作为县域中心的城关镇和黄河口岸交通发达的青城镇，人口基数大，生产活动频繁，促使其成为榆中县非遗分布核心区。

2. 流域分布特征

文化生态学理论是非物质文化遗产区域性保护的重要理论依据之一 [1]。该理论认为，文化生态是由自然环境、经济环境和社会组织环境三个层次构成的"自然—经济—社会"三位一体的复合结构 [2]，因此不同地区自然、经济和社会环境差异性的存在将导致区域间文化生态的不同，从而影响区域非遗的分布。流域作为文化生态理论中自然环境的重要组成部分，同样对非遗分布有着决定性影响 [3]。河流水系不但为人类孕育了生命延续的肥沃土地，而且河流具有沟通、联系的作用，提供了文化形成、互动的场所与通道，加快了不同文化之间的融合与竞争 [4]。

县域内的两条河流流域附近的地区，占据地理优势，交通便利，经济较为发达，商贸互通，外来文化进入本地，与本土文化融合，形成了新的非遗项目。两条主要的河流是黄河和苑川河，河流流域水源充足，地形平坦易于耕作，为人类创造了良好的生存环境。

3. 道路分布特征

从榆中县的道路分布可以看出，平原地区的道路非常多，山区的道路明显减少，苑川河和黄河周边的平原形成了高密度核心区域，北山和南山地区的道路受高山及丘陵地形的影响，较为稀疏。其中，北山处于北部干旱山区，降水量少，居住人口日益减少，南山植被丰富，生态良好，相对于北山道路分布更丰富一些。

4. 高程

榆中县的非物质文化遗产大多位于地势相对较低的平原，在黄河流域的青城镇及榆中县城周边地势较平坦的位置有比较多的聚集，高程在1380~2200m的范围内，村内的手工技艺及民俗明显增多，地势越高，数量就越少。非物质文化遗产受高程的影响比较大，原因有两方面：一方面是在平原地区人们更容易组织和参加活动，另一方面是平原地区的人们接触外来事物较多，更容易接受新鲜事物，对各类活动也更容易接受（图5.2）。

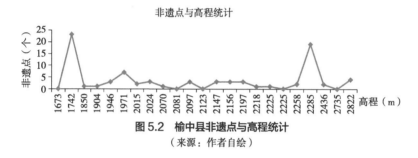

图5.2　榆中县非遗点与高程统计
（来源：作者自绘）

5. 坡度

坡度对非遗空间分布也会产生较大的影响，其中与村落自身信仰相关的民俗受坡度影响最为明显，比如与祭祀相关的非遗空间通常都会在就近靠山的位置修建祠庙。在榆中县坡度较大的地区，祠庙的数量明显增多，因为不同村落的信仰，会结合地势修建祠庙，祠庙又是人们信仰寄托的空间载体，因此山岳对于信仰的依托有着重要的作用（图5.3）。

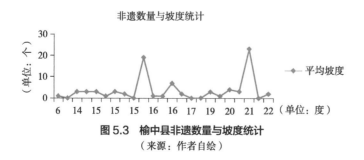

图5.3　榆中县非遗数量与坡度统计
（来源：作者自绘）

6. 经济发展

非物质文化遗产是文化的重要组成部分，外部条件发生变化，也会使非遗受到不同程度的影响。经济的发展让人们可以有更多的精力追求文化与精神生活，对非遗有进一步的认识和关注，有了当地政府的资金支撑，非遗的保护工作也会有更多的发挥空间。因此，随着经济的发展，榆中县会更重视非遗的保护与传承工作，一些不被关注的非遗项目也会被大家所关注到。

榆中县的非遗分布也遵循了这一规律，通过对榆中县内 18 个有非遗项目的乡镇进行关联分析，可以明显地发现地区非遗数量随经济发展而变化。

5.1.2　与传承空间环境关联密切的非物质文化遗产类型整合

非物质文化遗产的传承空间环境类型丰富，有的非遗与空间关系紧密，有的非遗与空间的关系较弱，本节主要是分析与空间关系较紧密的一类非物质文化遗产。榆中县九大类非遗项目中，与建筑空间密切相关的可以分为两类，一类是节庆类非遗，包括民俗和舞蹈，这类非遗的传承空间环境较为复杂，以村落内的建筑空间和街巷空间为传承空间主体，对这类非遗相关空间进行量化分析；还有一类是传统技艺、戏剧、美术类，主要以建筑单体为传承空间主体，对这类非遗相关空间进行质化分析，更系统化地了解非遗与其空间环境的现状，为非遗传承空间环境的区域保护提供依据。

5.1.2.1　榆中县节庆类非物质文化遗产的空间分布

目前，对非遗和传承空间环境的整体保护、复兴与旅游等方面均有研究，但对县域范围内整个非遗空间进行量化研究的很少，节庆类的非遗主要由时间与物质空间两个维度构成，前者表现为周期性的时间，包括民间节日、庙会等[5]；后者为集中的地域，即一定的物理、地理空间或场所。时间维度包含两层含义，一是空间的时间性，节庆类非遗发生时的空间，都是在固定的时间段；二是时间的历时性，节庆类的活动，是在一定的时间维度内发生的事件，并且在一定历史时期内在同一时间段循环往复，未来仍将保持这种周期性特征发展。空间维度主要是节庆类非遗主体空间，为非遗节庆活动提供了必要的发生场所。节庆活动决定物质空间的感知，而物质空间则是这种思维感知的物质载体，是非遗节庆活动落地的归属[6]。

本书通过对榆中县 23 项节庆类非物质文化遗产在各个镇的分布及举办的时间统计，进行时间和空间两个维度的非遗空间分布特征的量化分析（图 5.4）。

从表 5.2 中分析得出非物质文化遗产最集中的是青城镇，马坡乡、银山乡、新营乡、龙泉乡有共同的节庆活动马衔山秧歌。同样的，金崖镇、来紫堡乡、夏官营镇也有共同的节庆活动七月官神，其他的节庆基本在一个镇内展开，分布较为分散。

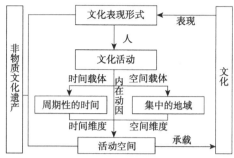

图 5.4　节庆类空间的构成与影响因素
（来源：作者自绘）

1. 节庆的时间分布和特征

除去阴历的十一月（阳历 12 月）没有节庆活动，其他月份均有不同密度的分布，归纳可得出榆中县的镇域节庆类型。

节庆类非遗时间分布（来源：作者自制）　　　　　表5.2

	（阳历）1月 / （阴历）腊月	2月 / 正月	3月 / 二月	4月 / 三月	5月 / 四月	6月 / 五月	7月 / 六月	8月 / 七月	9月 / 八月	10月 / 九月	11月 / 十月	12月 / 十一月
青城镇		19 铁芯子　1 烧秦桧　2 道台狮子		3 城隍出府、高跷表演、英雄武鼓　1 黄纸圣母庙会　2 城隍出府、高跷表演、英雄武鼓			7 东岳庙会	3 东滩庙会	3 道台狮子		3 城隍出府、高跷表演、英雄武鼓	
城关镇		15 高跷表演、火狮子表演、英雄武鼓、榆中社火					3 兴隆山庙会					
贡井乡				2 贡井庙会								
马坡乡	1 火狮子表演、马衔山秧歌、太平鼓　15			火狮子表演、马衔山秧歌、太平鼓								
银山乡	1 火狮子表演、马衔山秧歌、太平鼓　15			火狮子表演、马衔山秧歌、太平鼓								
新营乡	1 火狮子表演、马衔山秧歌、太平鼓　15			火狮子表演、马衔山秧歌、太平鼓				10 五台山庙会				
龙泉乡	1 火狮子表演、马衔山秧歌、太平鼓　15			火狮子表演、马衔山秧歌、太平鼓		1 端午节庙会						
金崖镇								30 七月官神		1 九月九重阳节、太平鼓		
来紫堡乡								30 七月官神				
夏官营镇					1 夏官营老巃会			30 七月官神				
甘草店镇					1 甘草店泰山庙会、马社火				1 马社火			
和平镇		15 太符灯舞、太平鼓			1 太符灯舞、太平鼓						1 太符灯舞、太平鼓	
高崖镇		19 筒子鼓舞	3 筒子鼓舞									

（1）密集型：青城镇节庆类型丰富，数量较多，在时间分布上较为集中。阴历的二月、六月、九月、十一月没有节庆，正月和三月较多，除去高跷和英雄武鼓，其他类型都是青城镇特有的节庆。

（2）分散型：贡井乡、甘草店镇、和平镇、高崖镇、城关镇的节庆呈现出较强的特殊性，比如乡镇独有的庙会，贡井乡的贡井乡庙会，甘草店镇的甘草店泰山庙会等，这类节庆与人们的信仰息息相关。

（3）串联型：马衔山秧歌和七月官神都是大型的节庆类活动，涉及的村落和人非常多，表演规模大，时间周期长，通常都是集中在一个时间段，一年举行一次。活动路线串联在几个乡镇中。活动涉及的民俗和表演类型较多。

（4）包容型：大型的节庆类活动，包含的内容较多，其中一些有地域文化的小型节庆，可以单独表演，也可以在榆中县的各项节庆中穿插表演，比如火狮子表演、筒子鼓舞等，单独表演的形式感和表现力也非常强。表演时间没有明显的规律性。

2. 物质空间结构

根据榆中县乡镇的分布，整理总结出因地形、自然风貌等特征形成的空间特征。

（1）川塬型——青城镇：青城镇是旅游开发型的古镇，人流与活动的集中性强。由于地理位置的原因，其周边的风景较多，优势较明显，文化遗产与空间的关联度较高，为古镇历史文化资源的发掘与呈现提供了良好的基础，在后期的发展中，文化遗产空间活力的提升，是该古镇发展要解决的主要问题之一。

（2）平原型——城关镇：地处平原，人流量较多，公共性强，是活动集中发生的场所，历史遗产空间有聚集性特点，在很大程度上促进了其活力的提升和场所感的保留。开发空间与功能重构空间都占据着一定的优势。

（3）山水型——马坡乡：自然风景较好，乡镇形态比较自然原生态，也由于地形限制，旅游开发难度较大。其中历史遗产空间较封闭，在自然山水架构的条件下，开发新建空间受到极大限制，通常处于镇域的边缘，接近山体与河流，现在尚未形成功能重构类空间。

节庆类的非物质文化遗产发生需要通过特定的时间或空间并为其提供一个公共认知的载体，使之得以继续传播和传承。而文化活动长期以来在时间上和空间上规律性地集中发生促生了非物质文化遗产的传承空间[7]（图5.5）。

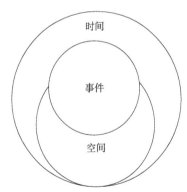

图5.5　节庆类非物质文化遗产相关要素系统

（来源：作者自绘）

5.1.2.2　传统手工技艺类非物质文化遗产与其传承空间环境的质量评定体系

非物质文化遗产的相关空间种类多样，有的空间会因为非遗的影响变得有特色。而有的空间受到的影响不大。这些空间因为所承载的非遗内容不同及空间的功能与质量等不同而有所区别。因此，有必要对影响空间功能及布局的因素进行调整，对这类非物质文化遗产及空间的密切性进行等级评定，以能够了解这类非物质文化遗产及相关空间对周围环境的影响作用力大小。

与非物质文化遗产关联较密切的建筑空间，以传统的手工技艺类为主，比如陈醋酿造技艺，其家庭作坊制作空间与普通的建筑空间不同，而家庭作坊和陈醋工厂因为两个空间的不同，相对应的元素也会发生变化，比如陈醋工厂的制作工具、制作方法和销售渠道等，与家庭作坊模式完全不同。另外一些非遗与非遗空间的关系相对简单，比如：和平牡丹培植技艺的空间仅作为牡丹的展示空间，这两类非物质文化遗产的相关要素差别较大。

空间质化评定，打分，比如分 A、B、C 三个等级，分级指标，非遗等级、受众群体、传承人、活动、工具和道具、成果及资料、建筑特色和非遗相关空间等（表 5.3）。

非遗空间质化评定指标（来源：作者自制）　　　　表5.3

编号	元素类型	内容	指标	编号	元素类型	内容	指标
1	非遗等级	省级	A	5	建筑特色	建筑形态	A
		市级	B			空间布局	A
		县级	C			立面	B
						装修	B
2	传承人	传承人	A	6	受众群体	专业人员	A
		老艺人	B			与非遗关系紧密的人员	B
		学徒	C			与非遗关系一般的人员	C
3	工具和道具	制作工具	A	7	相关活动	制作	A
		表演道具	A			展示	B
		媒介	A			售卖	C
4	成果及资料	作品	A	8	非遗相关空间	古建筑	A
		图片和文字	B			民居	B
		资料	B			传习所	C
						店铺	C

我国的非物质文化遗产分级制度是根据地方行政建制，通过各级政府，即县级政府首先建立非物质文化遗产代表名录，然后向地市级政府申报更高一级名录，

只有列入地市级政府名录的非物质文化遗产项目，才可以向省级政府申报非物质文化遗产名录，国家级名录则在省级名录基础上，通过申报与评审才被确立[8]。定级的过程也是非遗价值判定的过程，省级的非遗定为 A 级，市级的非遗定为 B 级，县级的非遗定为 C 级，但是，由于非遗的等级与非遗空间和非遗的关系没有直接关联，因此，在研究中仅作为非遗相关空间评定时的参考。

1. 非物质文化遗产的传承者

非物质文化遗产想要传承和发展，传承人起到非常重要的作用，传承人决定着非物质文化遗产是否可以良性地延续下去，传承人可以向大家展示相关的活动和非遗的制作过程，提高公众对非遗的认知，更有利于非遗的传播与发展。传承人的级别从 A 到 C，A 是通过申报，由政府确立为传承人，B 是经验丰富的老艺人，C 是传承人的学徒。

2. 非物质文化遗产的相关人群

非物质文化遗产相关的人群，有的是学术研究者，比如一些高校的学者、艺术家、研究人员，这类属于 A 级；有的是对某类非物质文化遗产的爱好者，经常购买一些手工的客人，这类属于 B 级；有的是来当地旅游的游客，这类属于 C 级。

3. 非物质文化遗产相关空间的活动

非物质文化遗产相关空间的活动将非物质文化遗产与空间联系起来，对空间的布局及形式都有或多或少的影响。传统技艺类的活动与建筑空间产生关系的主要是制作部分，级别为 A 级；非物质文化遗产活动的展示空间与空间的关系没有那么密切，定为 B 级；推动经济发展的非遗，与非物质文化遗产空间的关系不密切，定为 C 级。

4. 非物质文化遗产的用具

制作手工的工具、表演用的乐器、秧歌表演用的道具等都是非物质文化遗产不可缺少的用具，是用来展示或进行活动的媒介。这三者与非物质文化遗产相关性较高，为 A 级。

5. 非物质文化遗产的成果

非物质文化遗产的成果一部分是电子或文字形式的信息资料，另一部分是实物。非物质文化遗产传承人制作的成果，具有一定的艺术价值，为 A 级；电子或文字形式的信息资料为 B 级。

6. 非物质文化遗产的建筑

部分建筑的形式、布局、外观等受非物质文化遗产类型的影响，非物质文化遗产的制作空间会影响建筑的空间布局，手工艺人的艺术品会影响室内的装饰特色。例如，兴隆山农历六月六庙会的道教建筑形式，在建筑形式方面就与这一非物质文化遗产紧密相关；又或者土榨油作坊的建筑和平面完全是为了榨油而布局的；长面制作和陈醋制作的售卖店铺，会在店铺外面利用招牌、店铺内的装饰营造出环境特色，长面和陈醋家庭作坊的院落空间也会与其他院落不一样，院落中会陈列晾挂长面的架子和酿醋用的缸。这些元素很好地丰富了空间。

7. 非物质文化遗产传承空间

古建筑的建造年代比较久远，历史文化信息比较丰富，所承载的非物质文化遗产历史悠久，相关的历史文化信息也延续下来，保存较完整，因此为 A 级；民居这类建筑空间，承载着与当地人生活紧密相关的非物质文化遗产，比如北山面豆豆、酸烂肉等传统食物，都是在民居中制作的日常饭食，与人们生活息息相关，与空间的关系联系紧密，但在建筑上没有古建筑特色，因此级别为 B；传习所和店铺存在的时间都较短，专门为制作和售卖服务，与人们日常生活关系不紧密，因此级别为 C（表 5.4）。

榆中县非遗空间等级评定（来源：作者自制）　　表5.4

非遗空间	非遗名称	相关度	非遗空间	非遗名称	相关度
1罗家大院	青城水烟制作技艺	ACAB AABA	11村民家中	榆中榨榫制作技艺	CBAB BAC
2传习所	古建筑模型制作技艺	AAAB AC	12艺人家中	北山毡匠制作技艺	CBAA ABCB
3传承人家中	李氏皮挽具制作技艺	BAAA CAB	13村民家中	北山船馍馍制作技艺	CBAA BAB
4传习所	汉毡居羊毛地毯手工制作技艺	BAAB BC	14榨油作坊	榆中土榨油技艺	CAAB ABCB
5纸扎店铺	南山纸扎技艺	BAAB BBCC	15村民家中	刺绣技艺	CBAA BBB
6村民家中/陈醋厂	陈醋酿造技艺	CBAB BBCC	16家中/店铺	长面制作技艺	CBAA BBCB
7艺人家中/古建筑	青城砖雕制作技艺	CBAB ABBB	17村民家中/店铺	糁饭制作技艺	CBAA BBAB
8牡丹园	和平牡丹培植技艺	BCC CB	18村民家中	面祺子制作技艺	CBAA BAB
9村民家中	干旱山区水窖制作技艺	CBAA AB	19高氏祠堂（古建筑）	西厢调	AABA ABBA
10村民家中	元古堆柳条编织技艺	CBAB BAB	20戏台	木偶戏	BBBC

续表

非遗空间	非遗名称	相关度	非遗空间	非遗名称	相关度
21戏台	秦腔	C B A A B B A	33店铺	金崖凉皮制作技艺	C B A B B B C C
22传承人家中	苑川花灯制作技艺	C B A B B A B	34店铺/村民家中	酸烂肉制作技艺	C B A B B B C C
23水烟作坊	金崖水烟制作技艺	B A B A A C B	35传承人家中	黄河水车制作技艺	C B A A C B
24村民家中	羊皮袄制作技艺	C B A C C C B	36高氏祠堂	宫灯制作技艺	C B A A C A B
25村民家中	北山罐罐茶制作技艺	C A C A B	37传承人家中/古建筑	金崖砖雕制作技艺	C B A B A B B B
26古建筑	张氏彩绘技艺	C A A A B C B A	38传承人家中	陆氏旱船制作技艺	B A A A C B B
27村民家中	朱氏木匠技艺	C B A C C A B	39村民家中	青城剪纸技艺	C B A A B B B A
28村民家中/村委会	社火花灯制作技艺	C B A B B A B	40戏台	皮影戏	B A A C B B
29古建筑	甘草施画匠彩绘技艺	C B A A B C B A	41戏台	榆中小曲	B B A A C
30村民家中	北山面豆豆制作技艺	C B A A A B	42戏台	哈岘小曲	C B C B
31村民家中	传统农具制作技艺	C B A A B	43古建筑	楹联	C A A B B B A
32村民家中	土坯制作技艺	C B A A B A B			

5.1.2.3 非物质文化遗产相关空间的质量分析

在研究相关的元素后，进行空间的质量评价，非物质文化遗产相关空间质量和等级评定，对人们认知这一地区的文化遗产有非常大的帮助，便于保护与发展，促进榆中县的非遗多元化和个性化，使得非物质文化遗产相关空间能够更好地发展。

在研究中发现，榆中县拥有 4A 的手工技艺类非物质文化遗产相关空间占12%，3A 的占 30%，2A 的占 43%，1A 的占 12%，0A 的占 3%。含 4A 的非遗空间有罗家大院（青城水烟制作技艺）和陆氏旱船制作技艺传承人卢鹏飞家院落等，含 3A 的非遗空间有高崖镇土榨油作坊和甘草施画匠家中（彩绘）等。这些与建筑空间相关度比较高的非物质文化遗产制作工序都比较复杂；青城水烟制作技艺的制作空间在古建筑罗家大院内，同时也作为展示空间，展示与青城水烟相关的历史、工具等；古建筑模型制作技艺的制作空间在传习所，制作工作室、展示、售卖、接待都在传习所内。另外，在2A里面也有很多这样的空间，比如，汉毡居羊毛地毯手工制作技艺传习所和黄河水车制作空间。这些非物质文化遗产虽然本身的质量评价并不高，但是因为对相关空间的影响较大，因此总分较高。从研究结果来看，与非物质文化遗产关系相对紧密的空间，空间质量评价较高（图5.6）。

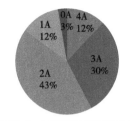

图5.6 不同等级非遗相关空间占比

（来源：作者自绘）

5.1.3 非物质文化遗产传承空间环境量化、质化的保护措施

5.1.3.1 量化保护措施

1.量化统计建议

研究范围落实到与空间环境有关联的节庆类和传统手工技艺类非物质文化遗产。首先，对节庆类非物质文化遗产进行量化，并在周期内回访，统计它们的实时状况，再与前期的统计作对比。其次，量化后进行分类，对非物质文化遗产本身和非物质文化遗产空间分不同的类型，提出具体的保护措施。

非物质文化遗产方面还需要实地走访，有些地处偏远的村落，庙会类活动在如期举办，这类活动应尽可能地去统计，并留存主要举办人员的电话，在固定时间回访，如果出现举办方面的困难及问题，应及时采取相应的措施。

2.量化空间属性

总结乡镇与节庆的模式类型，包括密集、分散、串联、包容四类型，通过总结类型，可以制定不同的保护策略，节庆类的非物质文化遗产多是以庙宇为祭祀空间，有些伴以活动路线，以村落的街巷空间为活动场地。因此，主要保护的空间有以下三类：保证节庆类非遗的活动空间；对庙宇空间进行固定时间的走访，了解现状；古建筑及时修缮。通过对参与非遗的人数、活动的路线进行调研，划定保护范围，对街巷两旁的民居和商铺进行调控管理。

5.1.3.2 质化保护措施

根据对榆中县进行的非物质文化遗产相关空间研究，目前没有5A级空间，4A空间约占12%，其他与非物质文化遗产相关的0A~3A级空间占88%，因此可以看出与非遗关联密切的空间在榆中县所有非物质文化遗产的相关空间中占比很小，而相关度较高、特点突出的空间对当地的文化塑造起到至关重要的作用，因此需要加强对这些空间的监管，当3A~4A级空间的质量出现问题后，应当采取相应的措施，以此促进相关度高的非物质文化遗产相关空间在榆中县的发展，定期监测，分析当前存在的不足和问题。

5.2　复合结构类型——以七月官神活动线路共生性保护为例

榆中县非物质文化遗产与其传承空间环境类型比较丰富。不同类型的非物质文化遗产所依托的传承空间环境也各有不同，比如庙会类型的活动通常在一个村落或几个村落中进行，手工技艺通常固定在某一空间内进行，戏曲及传统礼仪类则是全县范围都有涉及。或者以地域特征为限，比如北山罐罐茶只存在于北山，元古堆柳条编织技艺只存在于南山。还有多种非物质文化遗产集中在某一区域空间环境的情况，这种情况下通常非物质文化遗产的种类多样化，非物质文化遗产所承载的空间环境较为复杂。

通过对榆中县非物质文化遗产及其传承空间环境的梳理，根据非物质文化遗产的类型，以及非物质文化遗产的不同空间环境进行分类，针对性地提出了两种适应性保护类型：①非物质文化遗产为依托的多个村镇空间环境共生性保护，以七月官神为例；②传统古镇为依托的非物质文化遗产传承空间环境整体性保护，以青城古镇为例。

5.2.1　七月官神与其传承空间环境的构成要素

5.2.1.1　七月官神的活动内容

七月官神活动在榆中县平原地区是最大型的民俗活动，从每年的农历七月初十开始，到八月初八结束，活动所涉及的内容、数量非常多，且规模大。七月官神活动与当地的历史有着密切的联系，在明朝时期，肃王朱楧因为不想被朱棣削弱权力和势力，就将一部分士兵藏了起来，但是又担心练兵会被发现，因此就让士兵们乔装打扮，装扮成了当地信仰的神的造型，以参加庙会的形式为掩护，聚集起来练兵。

"七月官神"在"传牌、请神、取水、斩草、发神、曳神、抢庙、朝玉、牵盘、招亡、拜蜡、秉烛、迎盘、玩毡、剖羊盘、跑玉皇、带签、鞑靼神、安神"等诸种仪式中，伴以"唱鼓子、秦腔、小曲、竹板舞、秧歌、杂耍、武术、跳绳、打木垃、二鬼摔跤"等文体活动，以及庆贺丰收、农产品交易的生活内容。融汉族、满族、藏族、蒙古族等多民族文化于一体[9]。

七月官神的音乐和舞蹈也融合了多民族的风格，音乐和舞蹈的表现形式多样，形成了榆中县特有的民俗活动，除了音乐和舞蹈，还结合了传统技艺、杂耍、武术等多种形式。七月官神所需要的道具和工具都是当地老艺人制作的，比如：旱船、鼓、服饰、羊皮扇等，它们都保持着传统技艺的原生态特征（图5.7）。

（a）请神	（b）取水	（c）迎神
（d）曳神	（e）抢庙	（f）安神
（g）朝玉	（h）迎盘	（i）拜蜡
（j）秉祝	（k）带签	（l）破羊盘

图5.7　七月官神主要仪式
（来源：作者自摄）

（m）梢子舞

（n）将桌子

（o）跑玉皇

（p）玩毡

（q）羊皮扇

（r）吃赊饭

图5.7　七月官神主要仪式（续）
（来源：作者自摄）

5.2.1.2　七月官神的传承空间环境

1. 整体空间环境

七月官神的活动范围在苑川河流域的乡镇，有大量明长城、烽燧等古文化遗址及历史文物遗迹，来紫堡乡境内的国家级文保单位明肃王墓、历史文化名镇金崖镇的周家祠堂、夏官营镇的西秦都城——勇士城等，加之遍布各村的"官神庙"和"歇马殿"，形成了较为完整的历史文化资源带（表5.5）。

主要文化遗产保存情况（来源：作者自制）　　　　表5.5

序号	名称	建造年代	占地面积/m²	保存状况
1	郑家祠堂	清朝光绪十二年（1886年）	349	一般
2	周家祠堂（邴家湾村）	清光绪十三年（1887年）	1034	保存完整
3	金崖金家祠堂（金崖村）	清朝	383	保存完整
4	永丰金造祠堂（金崖镇永丰村）	清光绪三年（1877年）	100	一般
5	张氏祠堂（张家湾村）	清朝同治年间	178	保存完整
6	雷祖庙（金崖村）	清朝光绪七年（1881年）	355	保存完整
7	金崖驿站（金崖村）	清光绪九年（1883年）	518	保存完整
8	尚古城水烟作坊（古城村）	清朝	1355	保存完整
9	桑园峡秦长城遗址（桑园子村附近）（来紫堡乡）	秦代	200	保存完整

续表

序号	名称	建造年代	占地面积/m²	保存状况
10	烽燧遗址（金崖村附近）	明代	1708	金崖村北200米的山顶上
11	肃王墓（来紫堡乡黄家庄村）	明代	45万	国家级文物
12	四合院古民居	清朝、民国年间	14574.8	部分已经修缮，保护工作在进行中
13	三圣庙（金崖村）	清朝	985	正在修缮
14	翠英寺（黄家庄村）	清朝	80	一般
15	邸氏家祠（黄家庄村）	清朝	210	一般
16	娘娘庙（黄家庄村）	清朝	153	一般
17	龙王庙（黄家庄村）	清朝	170	一般
18	黄家祠堂（黄家庄村）	清朝	431	保存完整
19	谈氏祠堂（黄家庄村）	清朝	294	保存完整
20	岳氏祠堂（古城村）	清朝	235	一般
21	文昌阁	清乾隆年间	50	一般
22	白马庙（寺隆沟村）	民国	285	保存完整
23	关帝庙（张家湾村）	清朝	6376	一般
24	尚古城古城堡	明代	600	保存完整
25	窦家营古城堡	明代	400	保存完整
26	来紫堡	清朝	400	保存完整
27	尚古城地道	民国	地道长度为12m	解放前夕为地下党秘密联络处。保存完整
28	古槐	明代、清朝		金造府邸1颗、黄家庄1颗、齐家坪2颗

2. 村落的空间布局

七月官神活动的苑川河一带，村落布局基本也是沿着河流的形态线性布局的，村落是七月官神活动中最主要的空间载体。苑川河一带的村落主要以农耕为主，发展较为成熟。

3. 古街道

在金崖镇共有古街巷 7 条，其中千年丝绸古道从金崖村老街穿过，明清时老街一直是商贾云集、货物集散的旱码头，老街长 500m，为丝路古道，也是陕甘官道主干道，三圣庙、金崖驿站是当时的交通枢纽和物流集散地[10]（表 5.6）。

古街巷（来源：作者自制）　　　　　　　表5.6

序号	名称	长度/m	简介及主要特色
1	金崖老街	500	丝路古道、陕甘官道主干道
2	永丰村巷1	400	丝路古道、陕甘官道主干道
3	古城村巷1	200	门楼互对的古村落村巷
4	邴家湾村巷1	500	丝路古道、陕甘官道主干道
5	永丰村巷2	200	门楼互对的古村落村巷
6	古城村巷2	250	门楼互对的古村落村巷
7	邴家湾村巷2	200	门楼互对的古村落村巷

4. 院落空间

七月官神线路上的古民居集中在邴家湾村、梁家湾村、齐家坪村、尚古城村、永丰村、岳家乡村，保存状态良好，建筑平面布局以四合院为主，土木结构。内院墙体以青砖、木砌筑而成，山墙、后檐墙多为夯土或土坯墙，宅门的位置以主人的生辰八字占卜得来，正房建造高大，用料考究，是宅院的核心部分，外墙不开窗，外墙体均为滑秸泥抹面，屋顶多为单坡顶，由于当地降水不多，屋顶面坡度较小，可以利用屋顶晾晒粮食[11]。

（1）永丰村142~144号宅院

金崖镇的永丰村有一座建于清康熙年间的将军府，是金能哲将军的府邸。因其倒座、过厅和正房原本都为卷棚顶，又得名"三卷府"。将军府原占地3.6亩，东为车马站，西为花园，中间是两进的四合院。正房为三开间，二进院落的东西厢房均为五开间，故名"三堂五室"，是当地等级最高的民居建筑。

"文化大革命"期间将军府遭破坏，门楼、倒座、过厅和正房的屋顶均被掀掉，影壁上的砖雕也被摧毁。因为分家后房产的变动，将军府各建筑发生了较大的变化。南北两侧的车马站和花园相继变卖，将军府仅剩占地1.2亩的两进四合院。三开间卷棚顶的过厅变卖后被拆除，一进院落的东厢房因着火而被毁，局部有着火的痕迹。

将军府现为占地1.2亩的两进四合院。现存古建筑6座，原有门楼1座，正房1座，东厢房2座，西厢房2座，过厅1座，倒座1座。现仅存1座门楼，1座正房，1座倒座，1座东厢房和2座西厢房。正房、倒座和二进院落的东厢房仍为金能哲将军后人的住所（图5.8）。

（2）岳家巷491号宅院

岳家巷491号为两进院落，第一进院与第二进院曾为两个部分。第一进院的

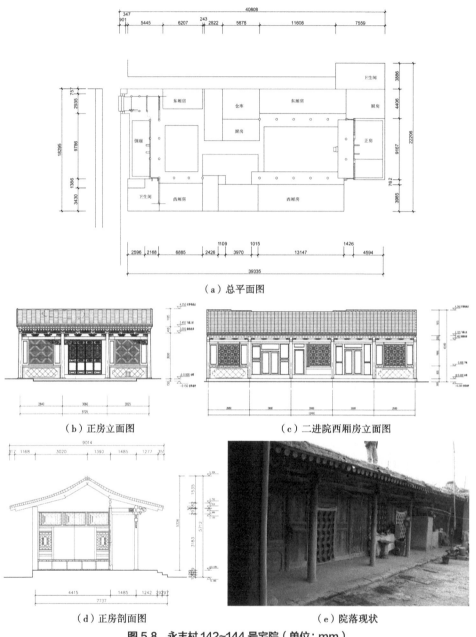

（a）总平面图

（b）正房立面图　　　　　　（c）二进院西厢房立面图

（d）正房剖面图　　　　　　（e）院落现状

图 5.8　永丰村 142~144 号宅院（单位：mm）
（来源：作者自摄、自绘）

一号房与二号房始建于道光年间，而一号房原址在第二进院。一进院的三号房与二进院的四号房为清同治七年（1868 年）所建，是一个整体，共用一堵外墙。二进院的五号房建于清末，而五号房原址在二进院的正房位置，五号房现所在位置上原来的建筑于 1977 年被拆除，而后五号房迁于现在的位置（图 5.9）。

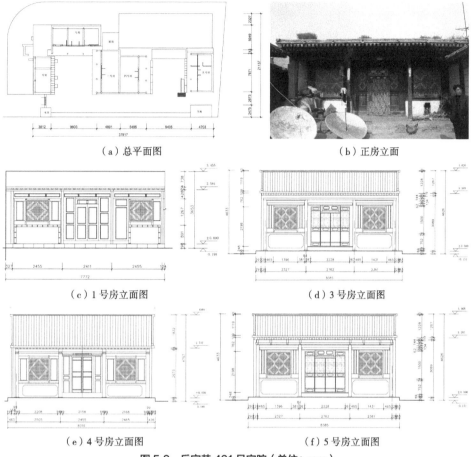

（a）总平面图　　　　　　　　　（b）正房立面

（c）1号房立面图　　　　　　　　（d）3号房立面图

（e）4号房立面图　　　　　　　　（f）5号房立面图

图5.9　岳家巷491号宅院（单位：mm）
（来源：作者自摄、自绘）

（3）岳家巷410号宅院

该宅建始建于19世纪后期（具体的建造时间不详），距今已有100多年的历史，后来随着国家对文化遗产保护的重视，院子被定为省级文化遗产。宅院的建造历经数年，布局为四合院的形式，自建成以来，宅院基本可满足几家人居住的基本需求。正房和东厢房因为漏水等原因在1993年经历过一次重建，主要为墙体和屋面的改造（图5.10）。

（4）永丰村148号宅院

该四合院建于中华人民共和国成立初期，期间无翻修。为一进四合院，一进门就是四合院的院落。原来用于外客厅、账房、门房或是客厅的倒座，而如今却损毁严重，只剩部分墙面。原来给儿子们居住的东西厢房和老者居住的北房，如今均已变成堆放杂物的房间。这个院子的主人已经搬家至兰州，早已不在此居住（图5.11）。

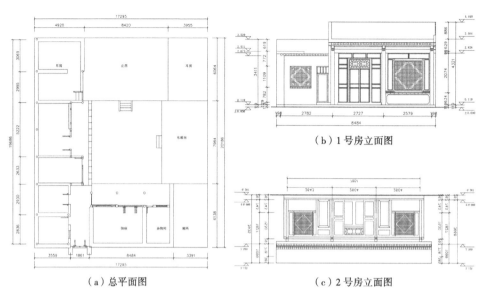

（a）总平面图　　　　　　　（c）2号房立面图

（b）1号房立面图

图 5.10　岳家巷 410 号宅院（单位：mm）
（来源：作者自绘）

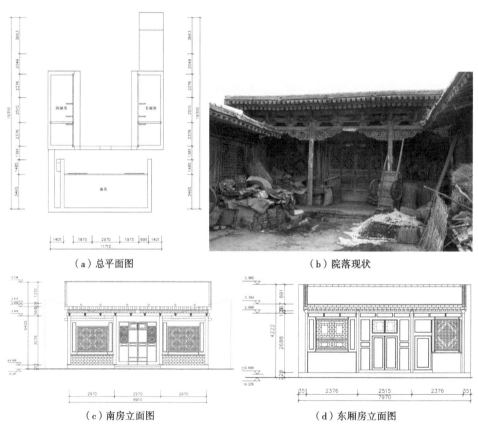

（a）总平面图　　　　　　　（b）院落现状

（c）南房立面图　　　　　　（d）东厢房立面图

图 5.11　永丰村 148 号宅院（单位：mm）
（来源：作者自摄、自绘）

5.2.2　七月官神与其传承空间环境的关系

5.2.2.1　七月官神活动在村镇的活动路线

七月官神涉及 3 个镇 28 个社。每年的农历七月初十，各社派代表在寺隆沟村白马庙举行仪式，然后将白马、八蜡爷二位尊神轿子装车，起神一直送到夏官营镇过店子村小庙上，举行白马、八蜡爷朝拜玉皇仪式，七月十一日开始，各社送神，过店子下社全套人马，在上下社交界处接送，依次类推。直至八月初八，送回寺隆沟村白马庙，神轿进庙安神，活动结束，时长一个月（图5.12、表5.7）。

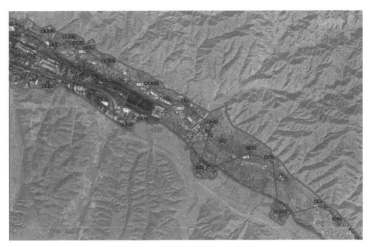

图 5.12　七月官神村镇活动路线图
（来源：作者自绘）

七月官神活动安排（来源：作者自制）　　　　　　　表5.7

日期（农历）	玩神社村	仪式场所	主要仪式程序
七月初十（上午）	寺隆沟	白马庙官神场	启神、取水、曳神、发神、安神朝玉祭祀
七月初十（下午）	过店子上社	凤山天桥歇马殿	祭祀活动
七月十一	过店子下社	玉皇庙、官神场	同上
七月十二	赵家口子	官神场	同上
七月十三	宋家窑	歇马殿	同上
七月十四	齐家坪	歇马殿	同上
七月十五	梁家湾	歇马殿	同上（分水）
七月十六	岳家巷上社	龙王庙	同上
七月十七	岳家巷下社	娘娘庙	同上

续表

日期（农历）	玩神社村	仪式场所	主要仪式程序
七月十八	上古城社	歇马殿	同上
七月十九	陆家崖村	玉皇庙	同上
七月二十	永丰村	金氏家祠	同上
七月二十一	金崖上社（一至四社）	雷祖庙	同上
七月二十二	金崖下社（六、七社）	三圣庙	同上
七月二十三	金崖村五社	金家家祠	同上
七月二十四	邴家湾上社（马家庄、王家巷、上堡子三个社）	娘娘庙	同上
七月二十五	中庄社	龙王庙	同上
七月二十六	邴家湾下社（后庄、西堡）	歇马殿	同上
七月二十七	金崖村八社（敬家坪社）	雷祖庙	同上
七月二十八	张家湾龙儿沟社	龙王庙	同上（添水）
七月二十九	张家湾社	歇马殿	同上
七月三十	窦家营村	歇马殿	同上
八月初一	来紫堡乡郭家庄社	龙王庙	同上（伙神抢庙）
八月初二	来紫堡黄家庄村拐角子社	黄家祠堂	同上
八月初三	来紫堡社	龙王庙	同上
八月初四	黄家庄社	郑氏祠堂	同上
八月初五	施家巷社	施家祠堂	同上
八月初六	尚伍营社	娘娘庙	同上
八月初七	金崖镇寺隆沟村	白马庙、官神场	同上
八月初八	寺隆沟玩毕，神轿进庙安神	官神场、河滩、白马庙	祭祀活动

每个村社中都有"社头"，既是传承者又是组织者。现在，基本是镇政府组织和自发组织两种形式，以自发组织为主。每到农历七月初十前，七月官神的会长组织各村社的"社头"，聚集在一起开会，询问大家的意见，确定今年是否组织活动，确定组织活动后，再进一步商量活动具体事宜。中华人民共和国成立后，恢复了庙会活动，每年农历七月初十，七月官神都会如期举行，并成立了"榆中苑川民俗文化研究会"。

七月官神活动内容丰富，涉及人数众多，参加祭祀活动的工作人员在 100 人左右。各村主要人员如表 5.8 所示：

参与活动的人数（来源：作者自制）　　　　　　表5.8

接爷道、用具	单位	数量	需要人数
轿子	顶	2	24
銮驾	个	16	16
銮驾架子	副	2	4
龙凤旗	面	8	8
彩旗	面	4	4
印盒	个	2	2
回避肃静牌	个	4	4
日罩	个	2	4
圣水	个	1	2
万民伞	个	1	2
道锣	个	2	2
香炉	个	1	4
雨顺民安牌	个	4	4
牌架	个	2	2
三马子	辆	2	4
合计			86

5.2.2.2　七月官神与村落空间环境的关系——以金崖村为例

七月官神以仪式活动为主体，保留了众多民间组织，是中国乡土社会构成的基本因子之一，体现了社会和文化秩序的构建属性。村民、师公子、白马爷、八蜡爷、庙宇与村落在整个祭祀圈中，达成情感上的一致性，形成了特有的社会伦理控制。同时，当地群众在构建现代村镇文化模式时，又赋予传统民间信仰新的内涵，并不断调整使其在适应社会生活的同时实现传统再造，体现出农民营造自身生存文化空间的积极性。村庄风貌是基于当地的自然风貌和人们长期的生产生活而逐渐形成的，是衡量当地人居环境、自然生态景观和传统历史文化的载体[12]。

七月官神的活动涉及范围很广，一条活动线路将众多村落串联起来，但是这条线路上的文化遗产分布较分散，并不是每个村落都与七月官神有着密切的关联，在保护的时候我们需要提取出与七月官神关系紧密的空间，作为主要的保护对象。因此以七月官神活动的主要线路空间金崖村为例，研究这一段活动线路，探讨七月官神与金崖村的关系。

1. 金崖村概况

金崖村位于榆中川西部，苑川河中下游，地处东经 140°02′30″、北纬 36°54′40″，村域面积 10.98km²。村落在元代以前就已经形成，由金姓人从外地来到苑川中部做小买卖而定居，逐代繁衍生息，后来以当地居民姓氏而起名为金崖村。

2. 七月官神活动与金崖村街巷的关系

村内有 4 处历史建筑，1 处古丝绸之路。在民国时期，金崖村是大量粮食的集散地，在旧街道有粮行、糖坊、染坊、铁匠铺、银匠铺、歇马殿、当铺等，商贸往来非常繁荣。金崖村共有五社、上社、下社 3 个社，每个社都有独立的表演和祭祀空间（图5.13、表5.9）。

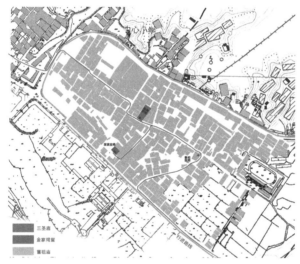

图 5.13　七月官神在金崖村的活动空间及行进路线图
（来源：作者自绘）

七月官神的活动空间（来源：作者自制）　表5.9

空间格局名称	长度/m	宽度/m	面积/m²	功能
雷祖庙	20	11	406	祭祀空间
三圣庙	270	9	2430	表演空间
金氏家祠	37	25	925	表演空间

七月官神活动与村落的街巷存在着密切的关系，金崖村的大部分街巷基本保持了传统村落的街巷形态，原始的街巷有很舒服的围合感和尺度感，人们在这样的街巷空间活动，不会有压迫感，金崖村的民居屋顶有等分双坡顶、长短分双坡顶、单坡顶，因为这些高低不同的建筑，街巷空间有了高低错落的动态变化，人

们走在其中时，视觉起伏变化却不大，较为平缓，中原地区的土黄色墙体，与地面颜色相近，色调柔和。街巷与民居中间的空地，给七月官神活动提供了人员和表演活动短暂停留的过渡空间（图 5.14、表 5.10）。

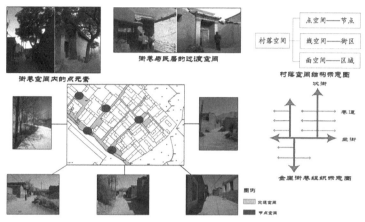

图 5.14　街巷空间分析图
（来源：自摄、自绘）

七月官神行进路线（来源：作者自绘、自摄）　　　　表5.10

行进中的道路	剖面图	平面布局	图片
主干道	⊢—10m—⊣		
穿村小巷	⊢—3m—⊣		
村内土路	⊢—4m—⊣		

村落的街巷主要是村民往来穿行，只有街巷在满足人们的需求时，人们才愿意在这里停留。芦原义信在《街道的美学》中论述："如果设街道的宽度为 D，建筑外墙的高度为 H，则当 $D/H > 1$ 时，随着比值的减小会产生接近之感，超过 2 时则产生宽阔之感；当 $D/H < 1$ 时，随着比值的减小会产生接近之感；当 $D/H=1$ 时，高度与宽度之间存在着一种匀称之感。显然，$D/H=1$ 是空间性质的一个转折点"[13]。目前，金崖村的主街道 D/H 值为 1.2，空间较为开阔，街道的方向性强，次街道 D/H 值为 0.8，空间的围合性增强，界面更为连续，巷道 D/H 值为 0.4，空间围合性强，墙面占据视野，界面局部有变化。建筑高度与街道宽度比例关系较协调（图 5.15、图 5.16）。

3.七月官神建筑空间分析

（1）雷祖庙

①建筑分析

雷祖庙始建于清代光绪年间，坐北朝南，位于金崖村 297 号，占地面积 312m²，内有两组建筑。一组建筑为大殿、厢房，大殿 3 间，面宽 9m，进深 8m，高 8m，五架梁结构，悬山式屋顶；东西两侧为厢房，坡式屋顶，进深 3m，宽 9m；另一组建筑为阁楼，进深 4m，宽 6m（图 5.17）。

②建筑外部空间

雷祖庙平时是关闭的，门前有一片小广场，邻近的村民会在门口和小广场堆

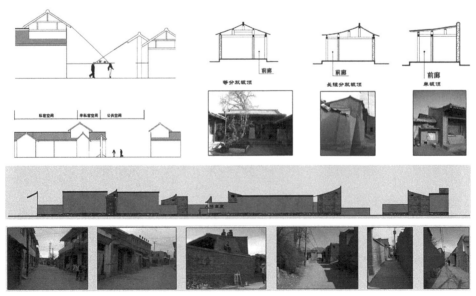

图 5.15　街巷空间结构分析
（来源：作者自摄、自绘）

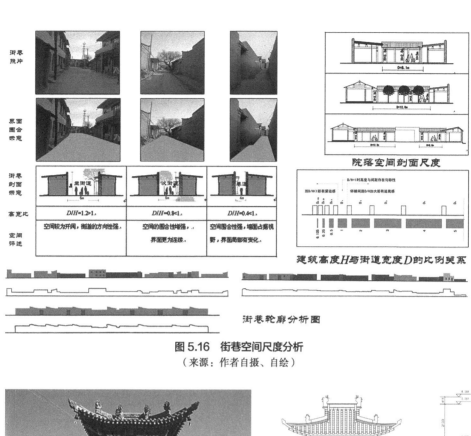

图5.16　街巷空间尺度分析
（来源：作者自摄、自绘）

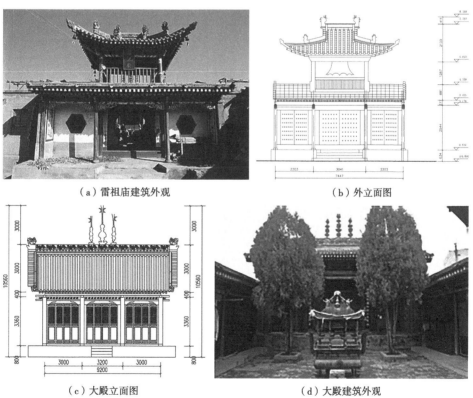

（a）雷祖庙建筑外观　　　　　　　　（b）外立面图

（c）大殿立面图　　　　　　　　　　（d）大殿建筑外观

图5.17　雷祖庙（单位：mm）
（来源：作者自摄、自绘）

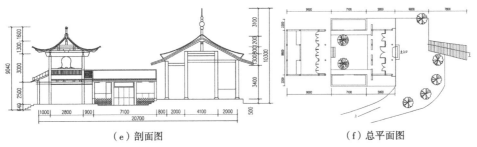

| （e）剖面图 | （f）总平面图 |

图 5.17　雷祖庙（续）（单位：mm）
（来源：作者自摄、自绘）

放农具、稻草、木头等杂物，广场边缘位置的现代化金属防护栏以及远处的现代化水泥楼房，与周围环境格格不入。因为雷祖庙在金崖村地形的较高处，通往下面主路的台阶非常陡，而另一边通过村内的主路也非常狭窄，并且沿路有乱搭建的情况，所以这对七月官神活动整个队伍的通行都有影响（图 5.18）。

| （a）雷祖庙 | （b）雷祖庙门口小广场 |

| （c）雷祖庙北侧土路 | （d）雷祖庙西侧台阶 | （e）雷祖庙西侧台阶下面的坡道 | （f）雷祖面北侧连接村内道路 |

图 5.18　雷祖庙门口现状
（来源：作者自摄、自绘）

（2）金崖下社表演空间——三圣庙

①建筑分析

三圣庙是丝绸古镇金崖镇的标志性建筑，最里面的大殿是悬山式屋顶，院中心位置的献殿和戏楼是歇山式顶，戏台正对大殿和献殿，两侧有厢房，整体结构呈"山"字形。100多年来，这座戏楼一直作为榆中县戏曲表演的舞台，表演过无数场秦腔、小曲（图5.19）。

（a）戏楼外部立面图　　　　　　　　　（b）正殿立面图

（c）三圣庙内表演七月官神　　　　　　　（d）三圣庙俯视图

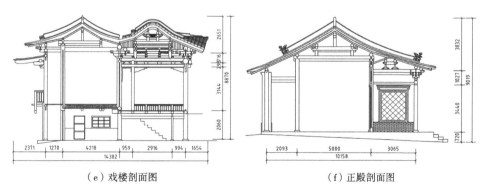

（e）戏楼剖面图　　　　　　　　　　　（f）正殿剖面图

图5.19　三圣庙（单位：mm）

（来源：作者自摄、自绘）

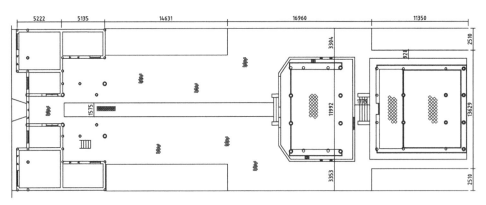

（g）总平面图

图 5.19 三圣庙（续）（单位：mm）

（来源：作者自摄、自绘）

②建筑外部空间

三圣庙的两边及对面都是两层的现代建筑，有一些住户为了增加房屋的面积，将二层扩建，突出一部分，影响街道的美观，这种乱搭乱建的情况在金崖村比较普遍。三圣庙目前的主要功能是金崖村的文化站和七月官神活动空间，建筑外立面的牌匾和宣传板的颜色与环境不协调，路灯、电线等基础设施缺乏前期规划，路灯挡在古建筑前面，电线在街道两边的建筑之间随意搭设，破坏了古街巷以及古建筑原有的历史风貌（图 5.20）。

（a）三圣庙北侧　　　　　（b）三圣庙西侧

（c）三圣庙外观　　　　　（d）三圣庙门口

图 5.20 三圣庙门口现状

（来源：作者自摄、自绘）

（3）金崖下社祭祀空间——金家祠堂

①建筑分析

金崖村金家祠堂位于东经 104°5′44″，北纬 36°1′0″，占地面积 260m²，现存建筑大殿三间，五架梁结构，硬山式屋顶（图 5.21）。

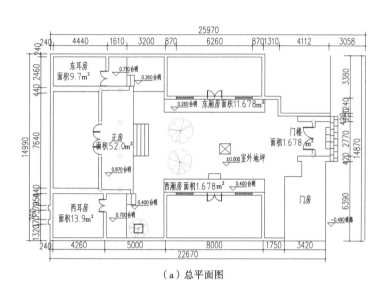

（a）总平面图

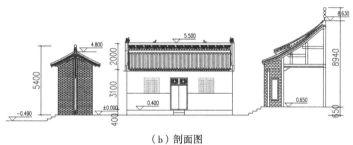

（b）剖面图

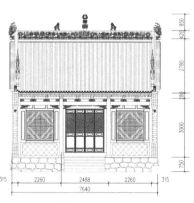

（c）正房立面图

（d）正房建筑外观

图 5.21　金家祠堂（单位：mm）

（来源：作者自摄、自绘）

②建筑外部空间

金家祠堂做了外立面翻新，刷了涂料，绘制了仿瓷片图案，目前离近地面的墙面涂料已经脱落，门楼贴了棕红色的瓷片，以及新塑的石狮子，边上矗立着一杆路灯。目前，金家祠堂是金崖村五社的文化广场，门口摆放着乒乓球台，角落处的一处井盖也做了翻修，井盖边上有一些杂草，正对着金氏祠堂的视角，可以看到中国移动通信塔以及一些零落的电线。金氏祠堂的翻修没有遵循古建筑修复的基本原则，这样的修复方式，对古建筑的保护造成了一些负面影响（图5.22）。

（a）金家祠堂西侧大门　　　　（b）金家祠堂北侧　　　　（c）连接村内道路

图5.22　金家祠堂门口现状

（来源：作者自摄、自绘）

5.2.2.3　七月官神活动依托的主要建筑空间类型

七月官神的历史时期，各村社都有歇马殿安神，后多数被毁，有的村子在原址上新建了歇马殿，有的村子在庙宇，有的村子是在空地举行仪式，有的村子是在祠堂，办祭的小家负责安神，七月官神活动的承载空间各有不同，仪式内容也略有差别。

1. 白马庙

榆中县金崖镇寺隆沟村的"白马庙"建于元末明初。大殿门楣正中挂有三块匾额，最中间一块是"地天侔德"，左边一块为"地彻天通"，右边一块是"神灵感应"。大殿正中供奉两顶銮轿，轿内坐着"白马爷"和"八蜡爷"，"白马爷"在左，"八蜡爷"在右。銮轿的前面摆放两位官神的官印。殿内两边为"七月官神"表演的钺斧及"肃静""回避"的安路牌、锣鼓等（图5.23）。

白马庙供奉着白马天子和八蜡田祖二位尊神。农历七月初十，从白马庙开始，进行为期一个月的七月官神活动。农历的九月初九重阳节这天，白马庙会举行祭奠活动。农历的十一月初四至初六，白马庙还会举行庙会，唱大戏三天，报答神恩，庆贺丰收。

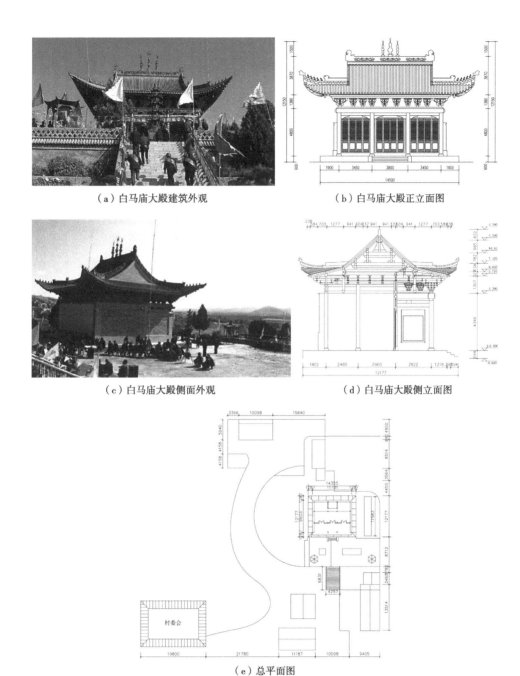

（a）白马庙大殿建筑外观　　　　　　　（b）白马庙大殿正立面图

（c）白马庙大殿侧面外观　　　　　　　（d）白马庙大殿侧立面图

（e）总平面图

图5.23　白马庙（单位：mm）

（来源：作者自摄、自绘）

2. 歇马殿

在苑川河流域的村落，均建有供"白马爷"暂歇的歇马殿。除去金崖镇寺隆沟村主庙内的雕塑外，其他村均在殿内敬设牌位，有"供奉——苑川福王白马天子、八蜡田祖——二人尊神神位"字样。各村歇马殿建筑及占地面积平均800m²（图5.24）。

建筑特点：苑川河流域沿途共 30 多处供白马爷歇驾的"歇马殿"。其建筑形式以木结构为主。整体建筑结构布架合理。屋面造型有悬山式等类别。从一斗三升开始，高达十一踩之多，昂翘兼施，玲珑剔透，屋顶中间或两端做有"脊"。脊的线条有"双龙戏珠""波浪式牡丹连续"图案。屋脊正中竖多节陶土烧制的宝瓶三个，中间一个高，两边的较低，插有双天

图 5.24 歇马殿
（来源：作者自摄）

划、青瓦粉墙、五彩耀眼、金碧辉煌，坚固悬奇，造型洗练，古朴典雅，工艺精巧，装饰优美。正檐翼角，斗栱承接，体现出古代建筑的造型特点。

3. 祠堂（郑家祠堂）

郑家祠堂位于邴家湾村 759 号，始建于清末，民国三年（1914 年）重修，占地面积 260m²，建筑面积 146.5m²，厢房东西对称，面阔五间 13.3m，进深 3.3m；大殿面阔三间 8m，进深 6m。遗存太师椅、方桌、长条凳、木匾各 1 件。20 世纪 30 年代郑家祠堂废弃，新中国成立后作为当地村政府使用，1986 年村政府撤走后，就作为迎接供奉地方神的场所，对当地风俗习惯的传承也起到重要的作用（图 5.25）。

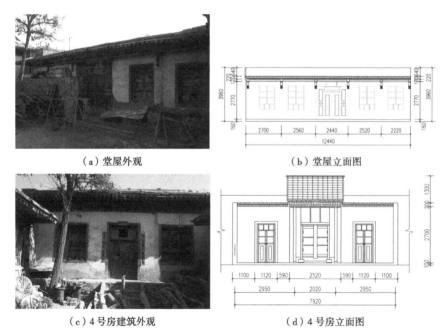

（a）堂屋外观　　　　　　　　（b）堂屋立面图

（c）4 号房建筑外观　　　　　　（d）4 号房立面图

图 5.25 郑家祠堂（单位：mm）
（来源：作者自摄、自绘）

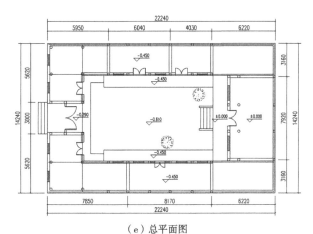

（e）总平面图

图 5.25　郑家祠堂（续）（单位：mm）

（来源：作者自摄、自绘）

4.七月官神活动的院落空间

永丰村 48 号、49 号宅院

该宅院始建于清朝咸丰年间，在建成后到 20 世纪中后期，都是有血缘关系的几家人共同居住。随着生活条件好转，经济能力提升，多户人家搬离了这里，从此厢房闲置下来，现在保存得比较完整。目前有两家人居住在院子里。在各村社歇马殿拆毁后，每逢七月官神活动，没有歇马殿、庙宇或祠堂的村社，就会有一家负责执事，永丰村的活动则在这家院落举行（图 5.26）。

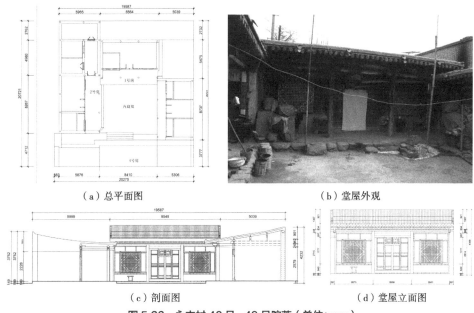

（a）总平面图　　　　　　　　　　　　　　（b）堂屋外观

（c）剖面图　　　　　　　　　　　　　　　（d）堂屋立面图

图 5.26　永丰村 48 号、49 号院落（单位:mm）

（来源：作者自摄、自绘）

5.2.3 利用空间句法对七月官神活动的相关空间特征的分析

5.2.3.1 利用空间句法对七月官神活动的相关空间特征的分析

1. 空间句法方法引入

本书以空间句法（Space Syntax）为主要工具，空间句法既是一种空间理论，也是一系列定量分析建筑物和城市空间的描述性方法，通过研究揭示建筑物和城市中那些与复杂空间模式相关的变量因素，空间句法适用于揭示物质空间形态的社会成因及影响后果，这遍及从住宅到综合体以及城市中所有类型的建成环境[14]。

因本书主要对村落系统和村庄内部街道进行解析，主要探讨七月官神活动中所涉及的祭祀、展示以及活动路线与空间点在空间分布上以及村落系统的形式，民间非物质文化遗产活动既受到历史与民俗传承的影响，又同时受到承载空间的影响，既是约定俗成的惯例，也是村民自发形成的文化性行为选择，为探讨承载此类非物质文化遗产活动的空间特征，以"村落系统—活动路线—祭祀—表演空间点"为研究脉络，从"点、线、面"三个维度对七月官神活动的承载空间和路线进行研究。笔者借助空间句法的方式，对活动串联的村落系统不同层级的空间类型进行量化分析，以试图探究其活动空间与路线同村落形态、村落的空间逻辑关联。

2. 选用模型及参数

空间句法在空间分析的应用主要有三种——空间单元（Convex Space）、"轴线"（Axial Line）以及视域（Visibility）分析。轴线模型是源自视线（Visibility）与流线（Permeability）两方面的观点，以上两方面都是人在空间中行走或者停留时候的本能。轴线的绘制采用"最长轴线法"，意为联结不同空间单元之最少且最长的视觉动线。轴线（Axial Line）指经由空间中一点尽可能延长的最长直线，方便客观地生成[15, 16]。轴线关系图是从轴线图转换来的关系图，其中轴线被表示为点，而连接被表达为两点之间的连线[17]。也可以说，轴线图是一组穿过所有凸空间的最长直线，其数量最少，且每条轴线至少与其他一条轴线相连接[18]。

本节在轴线模型（Axial Model）中选取了"整合度"（Integration 简称 Int），以及"选择度"（Choice）两种参数对村域范围进行了统计分析。分别采用整合度中的全部整合度（Int N），3、5、7、9步拓扑距离的局部整合度，全局选择度（Choice N），3、5、7、9步拓扑距离的局部选择度，以及连接度、可理解度等参数辅助分析。

3. 对道路封闭、阻断情况的前期调研

研究的空间单元是村落整体，在空间句法分析中，首先取得现状地图、航照图、规划单位分析图。房屋使用权拥有者加建围墙和建筑的现象是既有且长期存在的状况，根据现阶段处于并已长期处于的实际通达状况，以实际阻断、通达情况绘制空间句法轴线（图 5.27）。

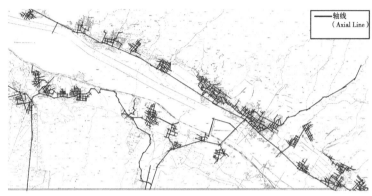

图 5.27　道路通达情况
（来源：作者自绘）

4. 空间样本

样本分布图构建出村落系统的研究范畴，主要有以下两种具有代表性的空间，七月官神活动在整个村落之间的行进路线，以及七月官神活动在各个村落之间的表演、祭祀空间点，表现为"点、线、面"三个维度。在图 5.28 中，已将活动路线轴线化，活动路线的每段轴线都进行了编号，样本共涉及 65 根轴线，每根轴线在不同参数上的表现不同，其中与停留性的公共空间相联系的轴线（蓝色）被单独标识，其将作为每个空间点在村落系统中的位置的表征，在后续单独讨论。

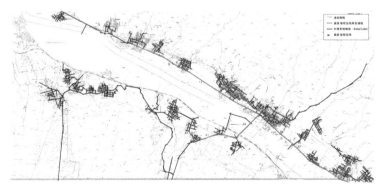

图 5.28　表演空点分布
（来源：作者自绘）

（1）面——村落系统

七月官神的活动范围不仅局限在一个村或者一个行政单位之内，其活动为行进与停留两种行为，串联起村落聚落，将更多的村落和居民纳入群体性文化活动中，形成跨村落、周期性活动。

（2）线——活动路线

活动路线分为沿村外围的动线和村内动线，主动线在外围将村落串联，并在沿途各村进行分支，串联途中深入沿途村落的祭祀、活动空间，将散布在各个村落的祭祀、活动空间串联成整体，起到提升七月官神活动曝光度和吸纳人流的作用。

（3）点——祭祀、表演空间点

散布在各个村落中的空间点，七月官神活动的主要内容将在此开展。

5.2.3.2　空间句法参数结果分析

1. 整合度

将活动路线和祭祀空间点所在轴线进行 1~65 的编号，分别将其各段轴线以整合度的参数值列出，如表 5.11 所示，并将活动路线和祭祀空间点总计 65 根轴线的各参数均值、最大值与最小值计算出来，与村落系统全集各个参数的均值相比较，用活动路线与空间的轴线均值比村落系统全集均值，得到相对比例，可以看出此活动的空间载体在不同参数表现上的突出程度。结果如表 5.12 所示，在整合度各参数上，此活动的空间载体均明显高于村落系统整体的均值，即各个尺度的可达性分析，两者之比均在 1.19~1.3 之间，相差不大，说明对于整合度各参数的依赖程度相仿，均高于全村落均值，活动路线和祭祀空间点都在系统内较高的位置。

活动路线和祭祀空间点整合度数据提取（来源：作者自制）　表5.11

活动路线和祭祀空间点所在轴线编号	全局整合度 Integration rn	局部整合度r3 Integration r3	局部整合度r5 Integration r5	局部整合度r7 Integration r7	局部整合度r9 Integration r9
1	0.458	1.886	1.413	1.142	0.946
2	0.488	2.340	1.700	1.251	1.048
3	0.406	1.471	1.053	0.913	0.791
4	0.405	0.766	0.850	0.823	0.755
5	0.405	0.766	0.850	0.823	0.755
6	0.584	2.470	1.788	1.504	1.341

续表

活动路线和祭祀空间点所在轴线编号	全局整合度 Integration rn	局部整合度r3 Integration r3	局部整合度r5 Integration r5	局部整合度r7 Integration r7	局部整合度r9 Integration r9
7	0.406	1.471	1.053	0.913	0.791
8	0.517	2.242	1.587	1.269	1.122
9	0.406	1.471	1.053	0.913	0.791
10	0.406	1.471	1.053	0.913	0.791
11	0.549	2.482	1.638	1.367	1.224
12	0.584	2.470	1.788	1.504	1.341
13	0.546	1.945	1.625	1.377	1.224
14	0.484	2.351	1.646	1.282	1.067
15	0.456	2.174	1.584	1.236	1.000
16	0.428	1.346	1.223	1.058	0.910
17	0.405	1.121	1.064	0.956	0.846
18	0.429	1.942	1.372	1.108	0.932
19	0.454	1.814	1.421	1.150	0.970
20	0.455	1.979	1.499	1.190	0.989
21	0.508	1.749	1.380	1.187	1.071
22	0.510	1.839	1.416	1.207	1.086
23	0.446	1.668	1.247	0.986	0.891
24	0.399	1.385	1.044	0.872	0.757
25	0.433	1.387	1.074	0.908	0.812
26	0.487	1.959	1.342	1.083	0.967
27	0.520	2.188	1.507	1.212	1.066
28	0.484	1.346	1.195	1.031	0.942
29	0.558	2.397	1.660	1.359	1.181
30	0.601	2.566	1.862	1.517	1.316
31	0.557	2.061	1.563	1.347	1.168
32	0.533	2.333	1.699	1.307	1.120
33	0.571	2.333	1.708	1.410	1.210
34	0.495	1.618	1.314	1.112	0.986
35	0.565	1.875	1.527	1.324	1.167
36	0.586	1.873	1.596	1.396	1.227
37	0.561	1.926	1.537	1.316	1.172
38	0.522	1.589	1.331	1.153	1.052

活动路线和祭祀空间点所在轴线编号	全局整合度 Integration rn	局部整合度r3 Integration r3	局部整合度r5 Integration r5	局部整合度r7 Integration r7	局部整合度r9 Integration r9
39	0.528	1.891	1.428	1.207	1.079
40	0.493	2.088	1.424	1.085	0.968
41	0.467	1.992	1.479	1.033	0.905
42	0.498	1.791	1.350	1.118	0.993
43	0.534	2.143	1.506	1.258	1.123
44	0.508	2.060	1.519	1.232	1.075
45	0.480	1.827	1.467	1.201	1.035
46	0.462	1.727	1.355	0.983	0.871
47	0.431	2.493	1.763	1.306	1.012
48	0.407	1.857	1.480	1.245	0.978
49	0.387	1.756	1.407	1.229	0.993
50	0.367	1.403	1.160	1.019	0.917
51	0.408	1.770	1.458	1.186	0.963
52	0.429	1.935	1.457	1.133	0.960
53	0.480	1.932	1.458	1.214	1.037
54	0.452	1.434	1.310	1.149	0.979
55	0.427	1.650	1.360	1.132	0.945
56	0.405	2.339	1.562	1.150	0.932
57	0.383	1.523	1.281	1.008	0.845
58	0.610	2.521	1.871	1.544	1.356
59	0.614	2.392	1.852	1.493	1.307
60	0.597	2.206	1.628	1.348	1.173
61	0.578	2.414	1.430	1.221	1.067
62	0.558	1.785	1.283	1.088	0.988
63	0.538	1.382	1.210	1.011	0.927
64	0.521	1.604	1.214	1.036	0.886
65	0.504	2.353	1.338	1.139	0.890
最大值	0.614	2.566	1.871	1.544	1.356
最小值	0.367	0.766	0.850	0.823	0.755
平均	0.487	1.882	1.420	1.172	1.016

活动路线和祭祀空间点整合度数据特征值（来源：作者自制）　表5.12

		全局整合度 Integration rn	局部整合度r3 Integration r3	局部整合度r5 Integration r5	局部整合度r7 Integration r7	局部整合度r9 Integration r9
七月官神活动的路线和空间轴线	最大值	0.61	2.57	1.87	1.54	1.36
	最小值	0.37	0.77	0.85	0.82	0.76
	平均	0.49	1.88	1.42	1.17	1.02
村落系统轴线全集	最大值	0.61	2.97	2.06	1.71	1.36
	最小值	−1	−1	−1	−1	−1
	全集平均	0.39	1.45	1.16	0.98	0.86
活动路线和空间数值与全集	平与值之比	1.25	1.3	1.23	1.19	1.19

（1）全局整合度

整合度代表一个单元空间与系统中其他空间的集聚或离散程度。整合度值越大的单元空间在系统中的便捷程度越高，反之越低。全局整合度体现某一个空间相对于其他空间的中心性，局部整合适宜用于人流量的分析。轴线全局整合度数值越大则表示其承担的交通运输流越大，同时代表与周围的联系越紧密[19]。为此，元素位于全局中较为方便到达的位置，容易形成人流的汇集。在整个系统中，一定会有部分轴线的全局整合度非常高，这些轴线影响其他区域，形成了全局集成度最高的空间，也是这个区域最中心的位置。

从图 5.29 中可以看出，七月官神活动的路线所在的轴线构成了村落系统的

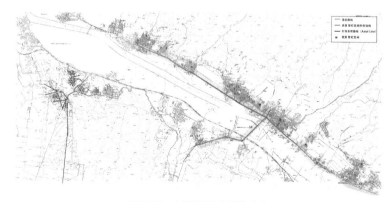

图5.29　村落系统全局整合度
（来源：作者自绘）

"全局集成核"。街巷体系以"全局集成核"为中心，扩散生长，轴线颜色慢慢由高变低，创造出微妙变化的集中（整合度较高）与离散（整合度较低）区域，呈现出村落系统自然组织的形态，不同值的轴线有机结合，编织成完整的街巷体系[20]。全局整合度偏好，且处于全局中颜色较重的位置，是自然状态下具有中心性的位置，深入村庄内部的活动空间的全局整合度一般，例如 10、16、17、19、23、24、40、41 号轴线。其中心道路仍然位于村落边缘的引流性道路，而非村庄内部道路。可以判断出，行进路线在全村落系统的可达性偏好，但村落内部的活动空间则不是在全局角度下的选择，而是具有目的地性质的行为选择。

（2）局部整合度

局部整合度表示一个单元空间与该单元 n（3、5、7、9）步之内的其他空间的联系亲疏程度[21]。

局部整合度指的是乡村一个空间经过三个轴线空间的拓扑步数所能覆盖的乡村空间[22]。以此类推，分别对拓扑步数为 5、7、9 的局部整合度进行分析。可以见得，轴线编号为 2、8、11、12、58、59、33 的轴线在各局部整合度中都处于最高的位置，村内道路的可达性也处在较高的位置，说明其不仅在全局还是在局部小尺度下，而且在中观尺度都是可达性最好的路线，具有小、中范围内的集中性，易于集聚人群。在小尺度车行可达性的运算中，其中心道路仍然位于村落边缘的引流性道路，而非村庄内部道路。

然而，需要注意的是，西南部村庄的局部整合度 r3、r5、r7 中，具有较好的数值，表现出微观和中观层面局部范围内较好的集中性和可达性，与村落中北部相仿，但活动行进路线却未到达此处，是值得进一步探讨的，下文将针对整个村落系统之间的联系探讨其组成逻辑（图 5.30~ 图 5.33）。

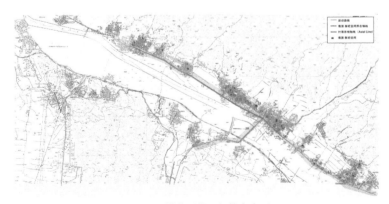

图 5.30 错落系统局部整合度 r3

（来源：作者自绘）

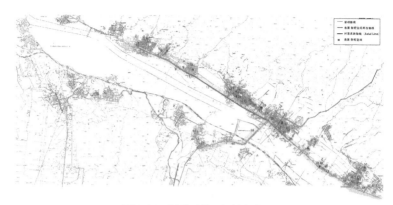

图5.31 村落系统局部整合度 r5
（来源：作者自绘）

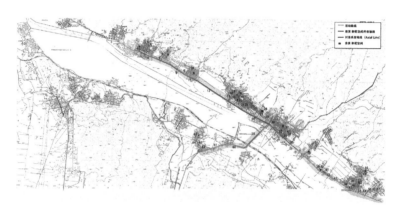

图5.32 村落系统局部整合度 r7
（来源：作者自绘）

图5.33 村落系统局部整合度 r9
（来源：作者自绘）

2. 选择度

与前面小节中相同，将活动路线和祭祀空间点所在轴线进行 1~65 的编号，分别将其各段轴线以选择度的参数值列出，如表 5.13 所示，并将活动路线和祭祀空间点总计 65 根轴线的各参数均值，与村落系统全集各个参数的均值相比较，用活动路线与空间的轴线均值比村落系统全集均值，得到相对比例，可以得出此活动的空间载体在不同参数表现上的突出程度。结果如表 5.14 所示，选择度各参数上，此活动的空间载体均明显高于村落系统整体的均值，且在 3.07~6.35 倍之间，不仅显著高于全村落系统各个整合度参数的均值，而且还显著高于整合度的均值倍数，即各个尺度的选择度分析，活动路线和祭祀空间点都在系统内较高的位置，七月官神活动的路线和空间对于选择度这一参数的依赖程度显著较高，其中对于 9 步拓扑距离的局部选择度的依赖程度最高，达 6.35 倍，即七月官神活动的路线和空间所在轴线的 choice r9 参数值加总的均值是全村落系统此参数均值的 6.35 倍，9 步拓扑距离的局部选择度反映出来的是中宏观尺度上的"易于被经过"的道路，其算法与整合度不同，反映的是道路容易被穿越和经过的可能性，而非中心性，说明在七月官神活动的路线和空间选择中，行为主体倾向于选择在中宏观尺度下"方便经过"的道路。

活动路线和祭祀空间点选择值数据提取（来源：作者自制）　　表5.13

活动路线和祭祀空间点所在轴线编号	全局选择度 Choice N	局部选择度r3 Choice r3	局部选择r5 Choice r5	局部选择度r7 Choice r7	局部选择r9 Choice r9
1	4008.000	47.000	227.000	455.000	884.000
2	102935.000	217.000	1490.000	4143.000	10080.000
3	1.000	1.000	1.000	1.000	1.000
4	1518.000	4.000	34.000	98.000	174.000
5	1518.000	4.000	34.000	98.000	174.000
6	219034.000	253.000	2701.000	11822.000	30361.000
7	1.000	1.000	1.000	1.000	1.000
8	101531.000	77.000	891.000	3105.000	8913.000
9	1.000	1.000	1.000	1.000	1.000
10	1.000	1.000	1.000	1.000	1.000
11	113300.000	175.000	1225.000	4969.000	12788.000
12	219034.000	253.000	2701.000	11822.000	30361.000
13	83340.000	54.000	822.000	4290.000	12468.000
14	28963.000	187.000	994.000	2622.000	5466.000
15	14303.000	140.000	736.000	1708.000	3063.000
16	1097.000	8.000	47.000	98.000	175.000

续表

活动路线和祭祀空间点所在轴线编号	全局选择度 Choice N	局部选择度r3 Choice r3	局部选择r5 Choice r5	局部选择度r7 Choice r7	局部选择r9 Choice r9
17	9.000	3.000	7.000	9.000	9.000
18	9026.000	93.000	377.000	894.000	1606.000
19	10856.000	41.000	238.000	631.000	1358.000
20	3121.000	78.000	418.000	955.000	1501.000
21	5317.000	42.000	256.000	789.000	1635.000
22	11338.000	56.000	308.000	1080.000	2483.000
23	10023.000	44.000	235.000	676.000	1611.000
24	1217.000	18.000	71.000	188.000	377.000
25	5155.000	18.000	89.000	248.000	578.000
26	16494.000	89.000	425.000	1293.000	3144.000
27	27783.000	147.000	871.000	2800.000	6392.000
28	1119.000	8.000	56.000	134.000	312.000
29	38115.000	207.000	1439.000	4714.000	9877.000
30	69157.000	294.000	2583.000	8475.000	17577.000
31	10848.000	111.000	711.000	2012.000	3711.000
32	19948.000	115.000	659.000	1665.000	3958.000
33	46511.000	159.000	1198.000	4359.000	10084.000
34	1155.000	20.000	90.000	180.000	342.000
35	6635.000	36.000	305.000	1106.000	2218.000
36	208800.000	28.000	578.000	4018.000	14476.000
37	216765.000	77.000	879.000	4987.000	16657.000
38	39582.000	20.000	268.000	1448.000	4826.000
39	22004.000	40.000	332.000	1521.000	4768.000
40	20743.000	118.000	456.000	1452.000	4385.000
41	8864.000	85.000	357.000	709.000	1694.000
42	11567.000	41.000	250.000	848.000	2385.000
43	165511.000	129.000	825.000	3603.000	11102.000
44	152348.000	109.000	719.000	2974.000	8945.000
45	36053.000	16.000	141.000	591.000	1792.000
46	357.000	23.000	63.000	73.000	106.000
47	61929.000	274.000	1213.000	2732.000	4940.000
48	8093.000	5.000	89.000	267.000	518.000

续表

活动路线和祭祀空间点所在轴线编号	全局选择度 Choice N	局部选择度r3 Choice r3	局部选择r5 Choice r5	局部选择度r7 Choice r7	局部选择r9 Choice r9
49	12733.000	51.000	280.000	629.000	979.000
50	3562.000	9.000	37.000	107.000	222.000
51	817.000	19.000	162.000	385.000	605.000
52	4580.000	80.000	288.000	553.000	938.000
53	72568.000	66.000	416.000	1732.000	4851.000
54	50952.000	12.000	160.000	926.000	2700.000
55	52049.000	38.000	289.000	1243.000	3381.000
56	49680.000	147.000	529.000	1460.000	3448.000
57	2972.000	11.000	65.000	128.000	250.000
58	222174.000	203.000	2511.000	10887.000	27946.000
59	262927.000	156.000	1904.000	7841.000	17969.000
60	250539.000	109.000	1150.000	4801.000	10697.000
61	246088.000	161.000	720.000	2955.000	7118.000
62	227777.000	41.000	215.000	955.000	2928.000
63	226279.000	12.000	156.000	710.000	2352.000
64	225603.000	22.000	158.000	708.000	2172.000
65	225341.000	118.000	429.000	1221.000	2499.000

活动路线和祭祀空间点选择值数据特征值（来源：作者自制） 表5.14

		全局选择度 Choice N	局部选择度r3 Choice r3	局部选择度r5 Choice r5	局部选择度r7 Choice r7	局部选择度r9 Choice r9
七月官神活动的路线和空间轴线B	最大值	262927	294	2701	11822	30361
	最小值	1	1	1	1	1
	平均	65748.75	80.34	582.78	2152.4	5405.12
村落系统轴线全集A	最大值	263260	430	2929	11822	30361
	最小值	−1	−1	−1	−1	−1
	平均	14860.96	26.2	129.73	381.08	851.84
活动路线和空间数值与全集	平均值之比	4.42	3.07	4.49	5.65	6.35

（1）全局选择度

选择度是一个拓扑学命题。在城市研究中，选择的意义非常大。路径选择具有较高的重要性，七月官神活动所在的轴线与全局选择度的核心区域重合度显著，是村落系统中吸引力较大的位置，深入村庄内部的活动空间的全局选择度交叉，例如4、6、7、10、17、20、21、27、32、33、34、40、50、52号轴线。其中心道路仍然位于村落边缘的引流性道路，行进路线在全村落系统的选择度位于最好的层次，但村落内部的活动空间则不是在全局角度下的选择，受建筑功能等影响较大。选择度的问题，在建筑、广场级别的尺度上，功能和属性可能影响到人流的路径选择（图5.34）。

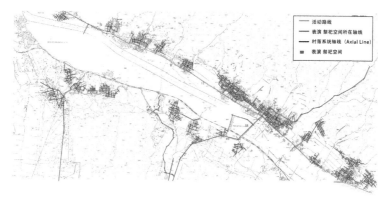

图5.34 全局选择度
（来源：作者自绘）

（2）局部选择度

与局部整合度的意义相似，局部选择度为每根轴线在周边一定拓扑步数之内的选择度，也可以反映出微观、中观、宏观层面的选择度，即每根轴线容易被选择经过的可能性。局部整合度 r9 中最核心的轴线与研究样本中空间路线和祭祀空间点最为匹配，即在村民举办活动时，对于游行路线的选择，更加青睐中观、宏观层面比较容易经过的道路（图5.35~图5.38）。

3.村落系统组织

（1）可理解度分析

空间整体或者空间的某一部分会随着另一部分的变量值降低或者增高，局部整合度和全局整合度出现变化的相对一致性，则身处其中的人对空间的感知具有一致性，对整体空间的把握较明晰，这类空间可理解度就会比较高。相反，理解度就会降低。从可理解度降低的空间中收集到的信息会误导人们，R^2 值在

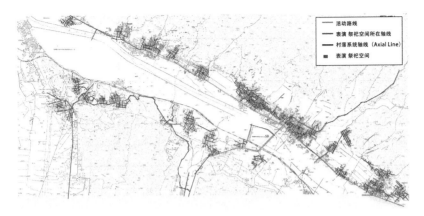

图 5.35　局部选择度 r3

（来源：作者自绘）

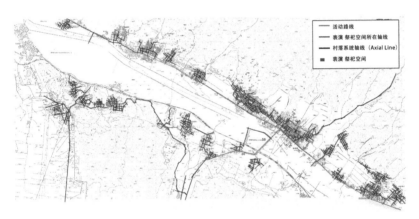

图 5.36　局部选择度 r5

（来源：作者自绘）

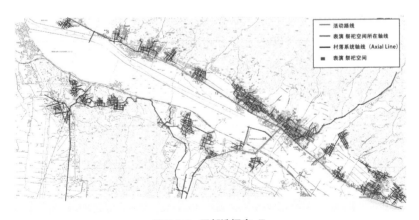

图 5.37　局部选择度 r7

（来源：作者自绘）

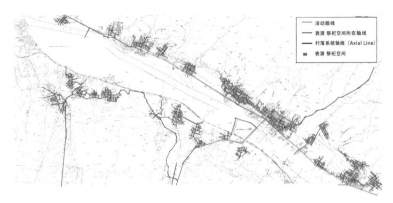

图 5.38　局部选择度 r9
（来源：作者自绘）

0.5~0.7，这个空间的可理解度就比较好，0.7 以上代表着这个空间可理解度非常好。如图 5.39 所示，R² 值是 0.07，由此可以判断这个村落的可理解度非常低。

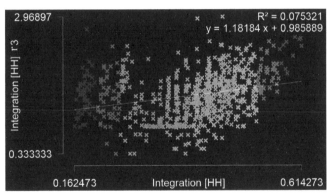

图 5.39　村落系统可理解度
（来源：作者自绘）

（2）空间系统自然组织的不合理性分析

在上述分析中，村落的自然组织状态存在一定的不合理性，使其系统内的可理解度较低。村落系统受到河流和火车的分割，使其南北被阻隔，分为相互独立的两个部分，而连接两部分之间的道路 A 只有一条，偏居一侧，而村落系统较依赖于连接两侧的道路 A，使得北侧紧邻 A 的村落衍生出较多支路，村内活动空间也较为丰富，也成为整个活动的重要空间载体。此外，在 A 的南侧，因 B、C 两处的道路均较为曲折，拓扑深度和连接度下降，使得空间集中核在 A 南侧的村落外开始逐渐不呈现。即使 D 处的村落在局部整合度 r3、r5、r7 中呈现出较好的内部集中性，但因其相对整个村落系统的连接性不高，成为整个系统内被忽视的村落（图 5.40）。

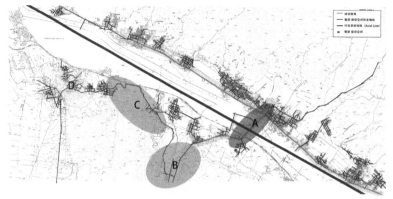

图 5.40　空间系统自然组织弊端分析
（来源：作者自绘）

（3）村落单元内空间节点——依赖全局集中度的核心节点

在前文中，对于活动涉及的全域村落系统的空间句法特征进行分析，对活动空间在全村落角度下的分布、可达性以及所存在的特征进行探讨，并得出整个活动路线和停留的祭祀、表演空间所在轴线，总体上对选择度 r9 的依赖度最高。以下将对处于较内向的村落内部的停留空间——即前文中的停留空间单独分析。整个村落中，此类空间点的总和，在各个参数中的表现，区别于前文的结果，村内停留性的表演、祭祀空间，在独立的村落中，更加接近于全局整合度较高的区域，也就是"整合集中核心"，与之前村落系统视角下相比，选择度有区别。

活动空间串联起来的决定性参数为中宏观尺度下的选择度参数，而这些散落在各个村的空间节点，对于单独的村落而言，是更加具有中心性的核心区域，是容易到达的位置，而非容易选择经过的道路（图 5.41）。

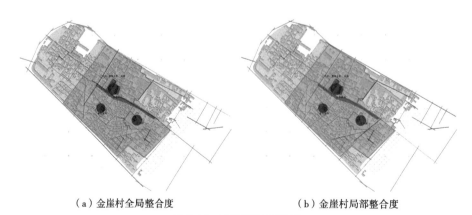

（a）金崖村全局整合度　　　　　　　（b）金崖村局部整合度

图 5.41　村落系统全局分析
（来源：作者自绘）

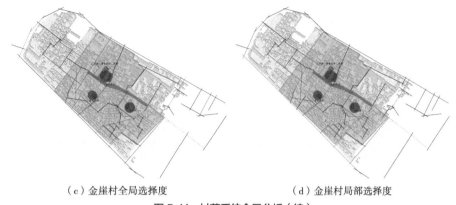

（c）金崖村全局选择度　　　　　　　　　　（d）金崖村局部选择度

图5.41　村落系统全局分析（续）

（来源：作者自绘）

5.2.4　七月官神活动空间存在的问题

5.2.4.1　村落道路系统不连贯

在村落系统分析中，分析了社火活动路线，北部村落的活动道路较通畅，村落外部空间和内部空间的连接度较高。而位于南部和西南部的村落，从分析中看出，对 9 步拓扑距离的选择度依赖程度较高，而村落系统因河流、火车的阻隔，使西部村落与核心区域联系脱节，社火活动无法更全面地覆盖，问题的根源在于村落系统南北两侧因阻隔而相互割裂，而连接南北两侧的道路只有一条，分布不均衡。而在金崖村，活动的路线基本上是围绕"全局整合度"较高的老街附近。

5.2.4.2　公共空间的衰落

老街已经没有当年的繁华景象，街道两旁大多数是临街店铺，店主私自搭建、维修建筑立面，两栋建筑中间加盖简易平房，新建筑破坏了传统街区的空间形态和传统街巷的建筑景观。街区基本保持原有的空间形态，但是商业经济已经严重衰退，公共配套设施缺乏，街区的功能单一。相对金崖老街，村落的其他街巷属于居住型街巷、以民宅为主，风格古朴，但是街巷的建筑立面新旧不一，混杂着各种材料及风格（砖混、木结构、混凝土等）。同时，街道景观也遭到不同程度的破坏，与传统民居建筑相协调的石砖路面已经改建成水泥路面，一些历史较久的树木被砍伐，建筑与街巷的尺度发生着变化[23]。

5.2.4.3　缺乏整体性的规划

七月官神"线—面—点"的保护模式中第一个"线"指的是具有线性活动特征的非物质文化及物质文化遗产整体，这条线路中现有历史文化遗产28项，古街道 7 条，非物质文化遗产 4 项。"面"指的是七月官神活动经过的每个村落，

"点"指的是在村落中驻足表演的空间。

七月官神活动的前期组织、排练，以及在各村社串村表演过程中换装、道具、化妆，歇马殿安神，吃佘饭，取水池，集市等活动，无形中将各个村落连接在一起。

目前对于七月官神活动的保护主要是对这项活动包含的内容进行调研、文字资料整理，没有具体的保护措施；对村落中的历史建筑进行个体保护，没有对村落以及流域沿线进行整体保护的措施及相关规划。

5.2.5 七月官神活动与其传承空间环境的共生性保护措施

5.2.5.1 七月官神活动线路的保护

1. 建立完整的文献档案

七月官神活动涉及多个村落，属于涉及范围较小的文化线路类型，需要针对这类小尺度的文化线路制定系统的保护方法，与七月官神活动相关的内容建立档案。内容应包括七月官神活动线路上文物保护单位的等级，历史建筑、街巷和传统村落的数量及质量以及周边自然生态环境的情况，传统技艺、民间习俗、民间曲艺类型、七月官神的传说、戏曲、唱词等。将这些基础的信息建立档案，并实时对七月官神中各种类型的状态进行摸查与调研记录，是七月官神文化活动保护的基础工作。

2. 分类、分级、分重点的保护方法

建立七月官神活动价值评估体系，分类、分级地保护。将七月官神活动在历史演变过程中所形成的各种构成要素分为不同类别和等级，针对性地保护。首先是七月官神活动路线整体性保护，其次是更小单元的镇域到村域的保护，最后是与七月官神活动联系较紧密的空间节点的重点保护。

依据《中华人民共和国文物保护法》及《全国重点文物保护单位保护规划编制办法》的相关规定实施保护措施。为了防止文物的破坏，必须对文物保护单位划定必要的保护范围[24]。由政府部门监管，专业人员进行维护，并对线路中的历史街区、古村落、古镇及古城进行整体保护，保持历史风貌、空间尺度，对与节庆类活动相关的行进路线进行空间尺度上的把控与可控范围内的调整，但不可以改变自然景观风貌。历史建筑的保护，一方面需要保护建筑本身的形制，由专业人员定期维护；另一方面要保护与非物质文化遗产活动相关的空间布局等，非遗空间与物质遗产保护相结合。关注榆中县的自然生态环境，划定线路保护的缓冲区。

3. 提升线路中居民生活的品质

目前，七月官神活动路线所在地的政府部门仅对其进行了认定，但是沿线的传统建筑保护不足，部分明清时期的传统民居已经损毁，有的建筑保护处于停滞状态。因此，对于七月官神活动沿线的文化遗产保护，应该就目前现存建筑的历史、现状、历年修缮的情况、建筑功能等，进行摸底工作，完成这些基础工作后，再制定计划，按计划实施保护，修缮类建筑，要保证原有的建筑风貌和地域特色；原址上新建的复原类建筑，要注意它的使用功能，保护与之相关的非物质文化遗产；新建建筑，以把控为主，严格控制其数量、风格、色调，与周边环境相协调。

七月官神活动线路的整体性保护，需要传统与发展并进，在保护七月官神活动线路遗产价值的同时，保证传统文化与现代文化的和谐，具有可持续发展的生态环境以及良好的基础设施。保护原则允许的情况下，进行更新与利用两个方面的保护：一是保护的时候注意改善当地居民的生活条件，二是在保护的同时发展经济，但注意二者之间的平衡。具体内容包括：强调活动线路与周边自然环境关系的重要性，保护遗产的同时改善当地居民的生活条件。目前，遗产保护采取的是遗产所属地管理的保护机制，地方政府占主导地位。地方政府遗产保护的负责人对当地的遗产保护起到非常重要的作用，因此负责人需要有相关的专业知识和一定的文化素养。地方政府需要发展经济，因此要考虑文化遗产为当地带来的经济收益，当地民众的生活条件变好，生活水平提高，也会对文化遗产保护起到推动作用，形成良性循环。文化遗产承载着这一地域的精神文化，丰富了这里一代又一代人们的日常生活，我们需要保护这段文化记忆。

4. 多元主体的保护模式

七月官神活动是一种"活态遗产"，在活动中居民的生活被连接起来，彼此之间有了联系，七月官神活动的参与者是居住在这里的居民，这项活动影响着他们的生活，所以首先要让居住在这里的人们了解文化遗产的重要性，通过文化讲座、小课堂等形式组织大家学习，设立文化部门，召集志愿者，提高大家的文化自我觉醒意识和积极性。保护过程中需要专家学者与社会组织的参与，再由专业的学者、相关领域的专家在保护的过程中定期追踪给出专业的即时建议。同时，也需要一些文化遗产保护组织的参与，在保护的过程中起积极的引导作用。

对七月官神活动线路上的文化资源进行串联，可以根据文化遗产的类型，进行分类保护，并对沿线的绿地系统进行规划，尽量避免公路、铁路对线路的阻断。整体的保护规划结构确定后，对小尺度的局部空间进行环境优化。

规划线路要考虑到与修复历史建筑相结合，串联文化遗产点，形成文化遗产展示线路，标志着七月官神文化遗产从零散到系统性保护利用的转变。由北到南依次串联了肃王墓、谈氏家祠、黄家祠堂、郑家祠堂、周家祠堂、三圣庙、金崖驿站、雷祖庙、古民居等多处有形文化遗产，以及多处非物质文化遗产（图5.42）。针对线路串联的历史遗迹，采用就地保护修缮的营建方式，强化遗产与环境背景的互助联系，最大化发挥整体价值。沿线进行增加绿地面积、保护古树等绿化更新，对建筑和街道之间的零散过渡空间进行梳理。

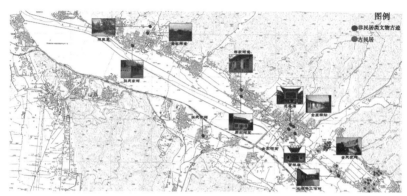

图5.42　七月官神活动线路涉及古迹分布示意图
（来源：作者自摄、自绘）

增加南北两侧村落之间的联系，在西边的村落建设地上的连接通道，例如天桥等基础设施，并辅以人性化的景观设计，可提升村落系统的可理解度，增加社火活动的覆盖程度和传播度，也可以带动村落之间的信息、物质及经济交流。将缺失功能的历史建筑恢复利用，作为文化活动及展示的空间。

5.2.5.2　七月官神活动与金崖村村落的保护

金崖村处于七月官神活动的中心位置，村落内的三圣庙、雷祖庙、金家祠堂都是七月官神活动的重要空间，作为七月官神活动的其中一个村落，需要对村落中与七月官神活动相关的空间进行合理规划。将金崖村分为核心保护区、建设控制地带、环境协调区三个层级，核心保护区以三圣庙、金家祠堂、雷祖庙三个历史建筑空间为主；以这三个建筑为边界，围合起来的空间为建设控制地带；七月官神活动沿线的民居、街巷、节点、景观属于环境协调区范畴（图5.43）。

1. 街巷空间的保护

金崖村地处平原，离榆中县城仅20km，交通便利，主干道车辆密集，七月官神活动线路从永丰村到金崖村，再从金崖村到邴家湾村，沿途经过村落外部的

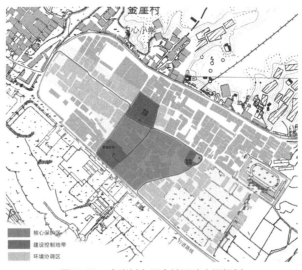

图5.43 金崖村七月官神活动空间规划
（来源：作者自绘）

主干道，参加活动的人员众多，在主干道活动时对道路交通造成一定的影响，存在安全隐患，应适当调整路线，选择安全性高并且适宜较大型表演活动的道路。

金崖村的老街是七月官神活动的主要行进路线，长约500m，老街上分布着三圣庙、金崖驿站、雷祖庙三个历史建筑，其中三圣庙和雷祖庙是七月官神活动的表演祭祀空间，老街街道宽阔平整，但是临街的部分建筑外立面材料与街道不协调，电线搭建混乱，影响整个街道的外部环境。因此，对街道两旁的建筑外立面进行局部的改造设计，重新规划电线布局；外立面改造尽量使用原有的建筑材料，保持街巷的传统风貌特征；制定相关规范，不可出现风格迥异，颜色不协调的建筑；控制沿街建筑的高度，保证历史建筑不被遮挡，视线开阔。

金崖村的传统街道基本都保持了街巷的传统风貌特征，新修的建筑比较少，街巷两旁建筑的材料、色彩、形制、风格等元素较统一，传统风貌保持得较完整，人们在进行传统的社火表演等活动时，与街巷整体环境较协调。现有传统街巷的布局形态需要保留，对原有的一些存在历史记忆的节点、构件进行保留；不可以一味地仿古，而设置一些仿古样式的指示牌、路灯等设施，需要与环境协调，避免出现千篇一律的"古镇景点"风格；古镇内部道路与外部的道路连接处需要进一步完善（图5.44、图5.45）。

2.节点空间保护

对村落中现存的建筑遗产及周围环境进行保护和日常维护。三圣庙曾经成立过甘肃第一个农村党支部，新中国成立后又在此成立了榆中县第一个乡镇文化

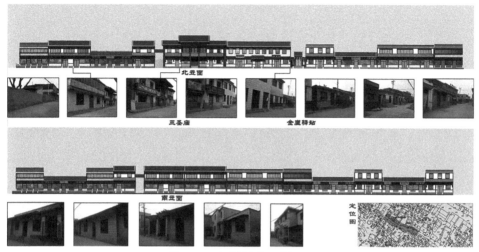

图 5.44 金崖村老街风貌提升
（来源：作者自摄、自绘）

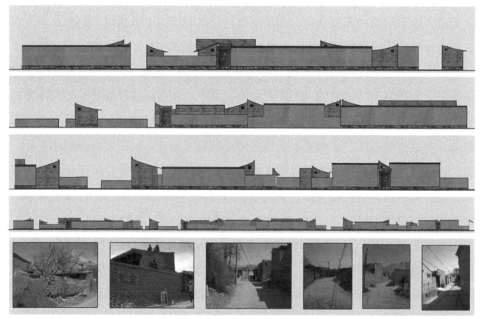

图 5.45 金崖村传统街巷风貌提升
（来源：作者自摄、自绘）

站，现在是七月官神的活动场所，建筑蕴含着丰富的文化底蕴，目前保护状况良好，正在做局部修缮工作；金家祠堂目前保护状况较好，除了民俗活动，其他时候都锁着门，与村民的日常生活脱离，使用范围受限，寺庙建筑是村民精神寄托的重要场所，平日可以对村民开放，金家祠堂的建筑外立面需要减少繁复的装饰，回归质朴；龙王庙门口的空地等节点空间，在保持原貌的基础上改善环境，满足庙会活动、七月官神活动以及参观场所的需要；雷祖庙前有一处狭窄的陡坡通向村落外主干道，在七月官神活动时，雷祖庙前的空间无法容纳太多人，一部分人便停留在陡坡处，需要通过将坡道外延的方式使其满足活动队伍在道路上行进的舒适度及安全性，在改善非遗空间环境时也要考虑这些节点的空间特征、功能需求、日常生活的使用等；驿站现在空置，平时也是锁着门，可对这类历史建筑进行再利用，作为民俗活动的排演、前期准备的场地，或者作为手工制作技艺的传习所，赋予它新的功能；金崖村的金崖小学是由丰广书院改建，在小学教学中可开展传统文化教育，并以手工课等形式学习这里的传统手工制作技艺。村落内的空闲场所除了作为村民公共活动空间外，也可在各个节点空间加入传统曲艺表演，民俗活动练习的功能，增强这些节点对村民的吸引力。

划定文物保护单位的周边保护区域范围，在这个区域内不可以私搭乱建，有必要的活动需要在规划的合理范围内，由专业人员指导建设。对七月官神活动线路上价值较高的历史建筑进行群体性保护，并一起保护周边的自然和人文环境。

3. 建筑空间保护

金崖村在整体空间形态上是向心性的布局模式，七月官神的活动空间有庙宇、祠堂等，都是金崖村重要的历史建筑，在村落的中心位置。村落中心道路完整，在村民院落进行改建或新建的同时，需要考虑原有村落和院落形态，在保持原有风貌的基础上加以建设，需要保留七月官神等传统文化的活动空间，以及有记忆的历史建筑。

（1）文物建筑——三圣庙古建筑的修缮

金崖村的三圣庙是七月官神活动的主要空间，始建于清光绪二年（1876 年），后不断增修，1876 年建后殿，1886 年建戏楼，1905 年修中殿，民国时建戏楼耳房。整体建筑坐北朝南，沿中轴线自南向北依次为戏楼、厢房、中殿和后殿。戏楼，二层楼阁式，南临街，面阔 3 间 11.5m，进深 10.5m，南面出廊，明间一层开门道，次间临门道现开门窗，高 9.3m，建筑面积为 120.75m²。民国时修耳房，转角式二层木楼，左右耳房均面宽 2.5m，进深 5m，建筑面积 12.5m²。东西两面将戏楼围合起来。厢房东西各 5 间，左右对称，单坡水屋顶，结构奇特，两角后院内挑出角梁，形成半扇面结构，东西厢房均面宽 16.5m，进深 3.5m，面积为57.75m²。中殿面阔 3 间 12.5m，进深 8m，建筑面积 100m²，前后出廊，歇山卷棚顶，五架梁结构，山面饰五攒五彩斗栱，正面明次间平身科均饰五彩斗栱两攒。大殿，面阔 3 间 11m，进深 2 间 12m，前出廊，悬山布瓦顶，大殿五架梁，后用单步梁，前廊为四步梁，建筑面积 132m²。整个建筑院落占地面积 1100m²，建筑面积 493.25m²。该殿用料粗大、结构精巧、木刻及砖雕精美，是难得的清代坛庙建筑代表。

根据对三圣庙的勘察，三圣庙戏楼西侧和西耳房基础湿陷下沉，墙体出现开裂，整体向西倾斜，最大沉降量 150~200mm，并有加重趋势。根据现场调查了解，戏楼和耳房基础均为浅基础，为毛石衬砌或沙土夯实，深度不足 1m 的条形基础等。采用桩基础穿透全部湿陷性黄土层的方式对戏楼西侧和西耳房的基础进行加固，具体做法是在戏楼西侧和西耳房全部墙体下，先设置一排微型桩，然后在其顶部设置一道混凝土圈梁，通过此措施来控制其湿陷变形，提高地基承载力，增强建筑的整体稳定性（图 5.46）。

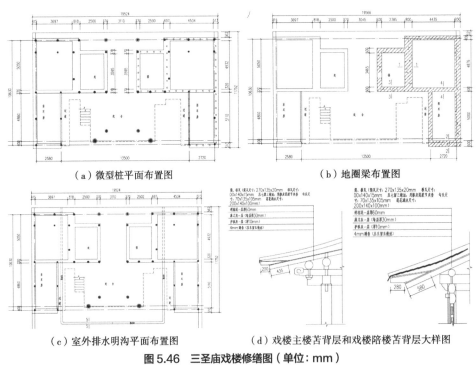

（a）微型桩平面布置图　　　　　　（b）地圈梁布置图

（c）室外排水明沟平面布置图　　（d）戏楼主楼苫背层和戏楼陪楼苫背层大样图

图 5.46　三圣庙戏楼修缮图（单位：mm）

（来源：作者自绘）

（2）传统民居

金崖村的传统民居是典型的西北民居形制，为兰州地区传统典型生土建筑。建筑多为砖木结构，木构架，木柱，方砖铺地面及屋面，上、下房为双坡屋面，东西厢房为单坡屋面，内檐排水。梁枋施彩画，入口及山墙均置砖雕，工艺精湛[25]。这些民居形态在长期的历史演进中与大自然和谐相处，利用当地材料，抵御气候条件，蕴含着丰富的营建智慧。对保留下来的传统民居应给予保护，对不能适应现代化生活需求的部分进行改造，建筑外貌要保持原有的形态，加固结构，对居住环境进行改善。

（3）新建建筑

新建房屋应该保持传统建筑的形态，控制建筑高度、色彩、材料等，在新建房屋时最好有专业人员进行指导，前期能够在房屋的样式、格局、选材时与村民交流，选择适合村民及村落环境的房屋建设方案。

（4）建筑空间景观

保留乡土特色的元素，将一些公共建筑对外开放，赋予它们新的文化功能，对传统街巷节点及院落也可作为小型公共空间进行改造。保护祠堂内的古树，对祠堂院落环境进行改造，形成半围合的公共空间。在公共空间定期举办传统文化类的活动，景观元素可在金崖村的传统文化中提取。

5.3 复合结构类型——以青城古镇的整体性保护为例

5.3.1 青城古镇与非物质文化遗产构成要素

5.3.1.1 青城古镇的地理位置和历史渊源

1. 青城古镇地理位置

从地理位置上看，青城古镇位于兰州市榆中县最北端，黄河南岸，镇政府所在地距省城兰州市区 90km，白银市 25km，榆中县城 120km，东接上花岔乡，南与哈岘乡毗邻，西临皋兰县，北与白银市水川乡隔河相望[26]，是古丝绸路上的重镇。青城镇属黄河流域，境内主要河流为黄河，沿途有麋鹿沟、红岘沟等水流注入，地表水资源丰富[27]。

2. 历史渊源

黄河作为这里天然的防御屏障，使得这里历史上就有军事防御的功能，青城古镇不需要军事防御功能后，人们依河而居。因为黄河造就了这里丰富的土壤条件，便捷的水上交通，农业和商业发展迅速，青城古镇也因此成为这一区域重要的农贸、商贸发展中心。历史上的青城是一个较大范围的地域，它囊括了黄河北段盆地的大部分地区，地域范围主要有榆中县青城镇、白银的水川、强湾、王岘、武川等一些地方，地域面积有 200km²[28]。

汉代，这里为防守重地，实行了屯兵政策。明代，青城是明政府防御鞑靼入侵的军事防守要地，明代构筑的防御体系长城也经过这里。《金县志》详细记载"在金县境内者，自西山之桑园子城，长十里，沿河至什川堡址，有二里许，计百余里，又东至一条城，或断或续有四十里余，东至平滩堡与靖远交接处，有三里余"[29]。

明朝末期，人们随着鞑靼的撤退搬回了北部，随着人口的逐步增加，青城古镇的规模也逐渐扩大。到了 20 世纪初，青城的地域有 200 多平方公里，曾有 10 万多居民。

5.3.1.2 青城古镇物质空间的构成形态

1. 整体空间形态

青城古镇的整体空间形态包括村落本身以及村落周边的自然景观格局等。"青城八景"在《青城记》中有记载："崇兰列嶂，黄崖滴水，午当神钟，苇泉夜月，大船古渡，夹河烟树，鹿谷新耕，小岩晚照"。青城古镇的八景描述了自然山水景观，但其中也蕴含了青城古镇的人文内涵[30]。

2. 青城古镇的选址

中国传统村落选址都要依靠风水学说找出理想的安居之处，一方面是避免天灾，另一方面是宗族兴旺、平安健康、多财善贾、前程似锦的精神寄托。

青城古镇北面是崇兰山，南面的黄河分支环绕青城，形成"金带环抱"之势。狄青建青城之后，这里成为重要的军事重地，地域内土壤肥沃，水源充足，利于耕作，适宜人居住[31]。贸易往来频繁，水陆交通便捷（图 5.47）。

3. 青城古镇发展形态

北宋时期青城的旧城是方形格局，明代扩大了旧城，呈长方形格局，西面是

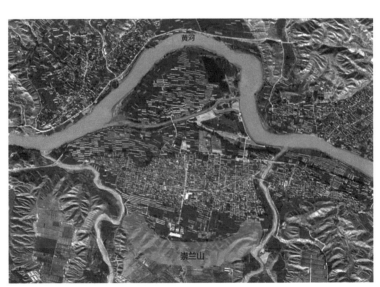

图 5.47　青城古镇风水图
（来源：作者自绘）

旧城，东面是新城。旧城的基础上建了新城，接续延长，城堡形状东西长、南北狭，人们便称其为一条城。旧城与新城所形成的古镇呈条形格局（图5.48）。

4. 街巷空间形态

青城古镇的建设之初，整体布局出于防卫的需要，街巷主体分布为棋盘格式，整齐有序，主次分明，序列感强。主要街巷为东西向，道路较宽。总体根据防卫的要求，街道命名也带有军事属性，如齐心牌、上下牌、直街牌、三合牌、教场巷、箭道巷。随着经济的发展和防卫的退缩，主街逐渐发展为以商铺、粮店、药店、餐馆为主，而大批的烟坊则在外围[32]（图5.49、图5.50）。

图5.48 青城古镇变化形态
（来源：作者自绘）

图5.49 青城古镇街巷布局
（来源：作者自绘）

图5.50 青城古镇街巷现状
（来源：作者自摄）

5. 建筑形态

通过资料整理及现场调研得知，青城古镇有45处清至民国时期古民居，多处公共建筑、古遗址文化遗产，古民居主要分布在青城古镇城河村、瓦窑村、青城村、新民村内[33]，清代建筑35处，民国时期的建筑10处，国家级文保单位1项（图5.51）。

图 5.51 青城古镇古迹分布图
（来源：作者自绘）

6. 古民居院落形态

青城古镇现存的45处古民居，以清代建筑为主，主要是三合院，少部分是四合院，院落的屋面及外墙面较厚，更利于室内保温。厢房较为宽敞，是主要的生活空间，有的院落还保留着以前的马车门（图5.52）。

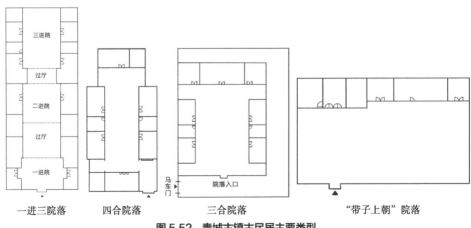

图 5.52 青城古镇古民居主要类型
（来源：作者自绘）

（1）二号院

二号院为清代建造，是青城典型的四合院形式，院子东北角开宅门，宅门坐东向西，南侧紧靠下堂屋，北厦房东山墙作罩壁，正对宅门，南北两侧各建七间厦房，院子西面正中建上堂屋。作为青城古民居院落中的组成部分，充分体现了青城四合院的建筑布局及结构，为研究北方民居建筑体系中的兰州支派提供了重要实物（图5.53）。

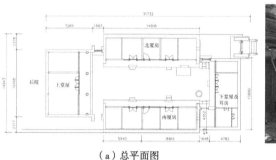

（a）总平面图

（b）下堂屋建筑外观

（c）下堂屋东立面图

（d）南厦房建筑外观

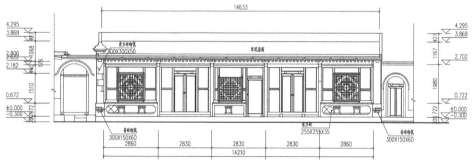

（e）南厦房正立面图

图5.53 二号四合院平面图（单位：mm）
（来源：作者自摄、自绘）

（2）五号院落

五号院为民国时期建造，为青城典型的三合院形式，宅门正对上堂屋，东西两侧为厦房。虽然宅门与东厦房南侧两间后期进行了改建，但总体保留了原有院落的平面布局和原有的木构件。作为青城古民居院落中的组成部分，充分体现了青城三合院的建筑布局及结构，对其进行保护修缮工作，有利于今后进行深入的研究（图5.54）。

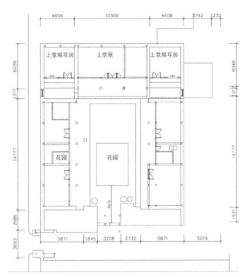

（a）总平面图

（b）上堂屋立面图

（c）上堂屋建筑外观

（d）西夏房正立面图

（e）西夏房建筑外观

图5.54　五号三合院平面图（单位：mm）
（来源：作者自摄、自绘）

5.3.1.3　非物质文化遗产

因为水路交通便捷，青城的商贸往来使得这里的文化得到繁荣发展，外来的文化融入当地文化，形成了本土文化与外来文化融合的新鲜血液。

青城的历史悠久，地域文化丰富，这些历史及文化都深深地滋养着当地的人和物，而因为其特殊的地理位置，外来文化的传入，也影响着青城古镇的本土文化、古镇格局、建筑形态等，比如青城的水烟贸易，为青城带来了经济繁荣，留下了很多精致的民居建筑，道台狮子也已经成为青城古镇大小文化活动的保留表演项目。青城镇有省级非物质文化遗产、市级非物质文化遗产、县级非物质文化遗产共 28 项（表 5.15）。

青城古镇非物质文化遗产（来源：作者自制）　　　　　　　表5.15

序号	类别	项目	数量
1	口头传统与表述	青城传说故事	1
2	手工技艺	青城水烟、剪纸、刺绣、陈醋酿造技艺、砖雕制作技艺、青城长面制作技艺、糁饭制作技艺、酸烂肉制作技艺、面祺子制作技艺、黄河水车制作技艺、楹联、宫灯制作技艺	12
3	表演艺术	西厢调、英雄武鼓表演、道台狮子表演、火狮子表演、高跷表演、旱船表演、秦腔、烧秦桧、社火、铁芯子	10
4	社会风俗、礼仪、节庆	城隍出府、东滩庙会、东岳庙会、四月初八浴佛节、黄崖圣母庙会	5

5.3.2　青城古镇非物质文化遗产与其传承空间环境的关系

青城古镇经过改造，定位为旅游型古镇，因此出现了一些商业化特征，主街巷空间特征明显，临街的建筑都改造为商铺或者饭馆，销售青城古镇的陈醋、长面等特色小吃，村落内部的街巷和建筑仍然保留着传统的风貌特征。

青城古镇是非物质文化遗产与传统建筑聚集的地方，使用"量化—质化"对非物质文化遗产与其传承空间环境的现状进行分析，能直观地看出青城古镇的非物质文化遗产与其传承空间哪一项质量较高，哪些非物质文化遗产与其传承空间环境之间的关系更为密切，哪个区域保护较好，传承空间的非物质文化遗产更丰富，以及了解需要着重保护、适度更新、局部改造的空间，避免保护的"单一化"，有利于青城古镇的整体多元化可持续发展[34]。

5.3.2.1　量化分析

青城古镇有着丰富的非物质文化遗产和历史建筑遗产，这些丰富的文化遗产营造了多元化的文化空间，青城古镇民俗类活动较多，当地的居民在举办活动期间参与度高，文化活动影响力大，周边镇县的人都会在活动期间赶来参加，各地的商贩赶来参加庙会，销售商品，城隍出府活动当天，人流量在 6000~7000 人，其中城隍庙、文化广场和青城古镇的主街巷是活动的主要空间。除了城隍出府活动，还有很多民俗活动、手工技艺与当地人们的生活有着紧密的联系，比如搭台唱秦腔、踩高跷、英雄武鼓等，这些民俗活动在庙会、春节社火等活动时都会表演，现在青城古镇的旅游业发展起来后，一些大型的文化节活动也会有表演（图 5.55）。

（a）秦腔　　　　　　　　（b）踩高跷　　　　　　　　（c）英雄武鼓

图5.55　表演类非物质文化遗产
（来源：中国甘肃网，青城镇政府）

　　虽然青城古镇历史上处于水运交通便利的地理位置，但是现在水运交通早已不适用，人们从京藏高速至青城古镇需要105km的路程，离兰州市中心较远，这些因素使青城的发展受到一些影响，前期也因为信息相对闭塞，交通不便利等因素，其文化遗产没有被人们重视，保护不及时，一些传统文化逐渐消失，历史建筑没有得到及时的修缮。通过调研得知，青城古镇的非物质文化遗产在整个镇域内都有分布，许多手工技艺是大多数农户家都会的，涉及面广。因此，需要把青城古镇作为一个文化空间整体，对古镇的非物质文化遗产及其传承空间环境进行详细调研，将非物质文化遗产分布的点进行定位，然后进行量化及质化分析（图5.56、图5.57）。

（a）糁饭　　　　　　　　　　　　　　（b）剪纸

（c）水车制作　　　　　　　　　　　　（d）长面

图5.56　手工技艺类非物质文化遗产
（来源：中国甘肃网，青城镇政府）

图 5.57　青城古镇临街商铺
（来源：作者自摄）

青城古镇非物质文化遗产相关空间（来源：作者自制）　　表5.16

	遗产主要空间	非物质文化遗产
1	城隍庙、中心区村落、东井台子	道台狮子
2	城隍庙、中心区村落（活动路线经过哪个村子）行宫	城隍出府
3	高氏祠堂，城隍庙、村委会	西厢调
4	罗家大院、各家院落	青城水烟制作技艺
5	各家院落	青城陈醋酿造技艺
6	东滩村东滩庙	东滩庙会
7	各个村落	火狮子
8	各个村落	高跷
9	各个村落	英雄武鼓
10	各家院落	刺绣
11	各家院落	剪纸
12	各家院落、小吃部	长面
13	各个庙宇	秦腔
14	各家院落、小吃部	糁饭
15	各家院落、小吃部	酸烂肉

	遗产主要空间	非物质文化遗产
16	各家院落、小吃部	面祺子
17	非遗传承人李长青民居院落	砖雕制作技艺
18	非遗传承人李长青民居院落	黄河水车制作技艺
19	菩萨殿	四月八日浴佛节
20	东岳庙	东岳庙会
21	各个村落	旱船表演
22	各个村落	青城传说故事
23	圣母庙	黄崖圣母庙会
24	东井台	烧秦桧
25	各个村落	社火
26	各个村落	铁芯子
27	50多处	楹联
28	各个村落	宫灯

从表 5.16 中可以看出青城古镇非物质文化遗产的空间分布情况，非物质文化遗产传承空间环境在院落中的有 10 项，以传统手工技艺为主；在村落中的有 8 项（分布在多个村落），以表演和传说故事为主；砖雕艺术主要集中在 45 处古民居及公共建筑，古民居主要集中在新民村、城河村、青城村、瓦窑村 4 个村落；庙会类的有 8 项，相对应的民俗活动都有固定的活动空间及活动路线，主要的活动空间都在各自的庙宇及周边。其他公共空间有 8 项，主要是祠堂、村委会和小吃部，总体来说分布均匀，但因为分布在村落的非物质文化遗产涉及面广，基本是全镇覆盖，分布在院落的非物质文化遗产又是居民日常生活中的饮食、手艺活，基本家家都做，所以按空间类型统计，涉及的空间数量总和为 34 处，其中几项非物质文化遗产的传承空间有重复和交集 [35]（图 5.58）。

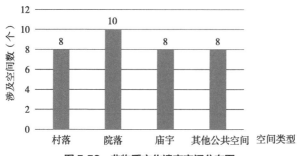

图 5.58 非物质文化遗产空间分布图
（来源：作者自绘）

青城古镇的各个村落、各家院落、主街巷临街商铺的小吃部是非物质文化遗产所在频率最高的空间，其次是城隍庙、东滩庙等庙宇空间，以及其他公共建筑和公共空间。传统手工技艺分布最广，数量最多，传承空间一部分为主街巷的临街商铺，另一部分为自家院落，两个空间对比强烈。临街商铺关注度高，自家院落关注度低，但是从传统手艺的价值来看，临街商铺是以销售为主，院落的手工艺人的制作展示空间价值更高，长面制作、陈醋酿造等是青城古镇的传统食物制作技艺，农户仍然保持着陈醋的传统制作工艺，但是在调研走访中得知，青城长面受市场冲击较大，已经失去传统制作工艺的特征。

村落的庙宇、街巷、公共空间是民俗表演类非物质文化遗产的主要传承空间，时节性的民俗活动每年都有固定的时间、场所、路线和活动内容。城隍出府活动是青城古镇每年最大的民俗活动，以镇中心的四个村落为活动区域，与其相关的建筑空间都保存良好。道台狮子、英雄武鼓等表演类民俗活动，在每年城隍出府以及大型的文化活动时都会进行表演，道台狮子活动需要在宽敞空阔的场地表演，英雄武鼓是群体性表演活动，可固定表演也可随社火队伍动态表演，有时会参加榆中县或者兰州市的大型文化活动。

青城秧歌表演内容丰富，包含了火狮子、踩高跷等活动，在春节时串村表演。庙会类的文化活动有固定的传承空间，并且庙宇本身寄托了人们的精神信仰，是村落的重要空间，因此保护的状况较好，相关的历史建筑也保留了下来。比如城隍庙和东滩庙目前已经完成了修缮，有些损毁的庙宇也在原址上进行了重建，人们也因为庙宇的恢复，开始继续举办庙会活动。

5.3.2.2　质化分析

青城古镇的非物质文化遗产数量较多，有依托庙宇、祠堂等公共空间的民俗和表演活动，也有一些依托民居空间的手工技艺，从古至今，这些非物质文化遗产也在古镇发展过程中潜移默化地影响着它的空间格局。古镇中并不是所有的非物质文化遗产都与传承空间环境有密切的关系，比如青城传说故事，它与建筑空间并没有直接的联系，但是也不能因此而忽略它，因为它在青城古镇历史发展的长河中记录着这里的文化，成为人们的文化记忆，只是它并不是本书研究的重点。

与空间环境关联比较密切的有节庆类和手工技艺类非物质文化遗产，将它们按照空间划分，分类如表 5.17 所示：

手工技艺类非物质文化遗产中，青城水烟、剪纸、砖雕制作技艺与建筑空间的关系相对密切，青城水烟商贸生意发展了当地的经济，现在青城已经没有水烟的制作作坊，目前销售的水烟是水烟工厂制作的，青城古镇的罗家大院是以前的

非物质文化遗产空间分类（来源：作者自制）　　　　　表5.17

	非遗类型	空间类型	内容	数量
公共空间	节庆类	建筑空间与街巷空间组合	四月初八浴佛节、黄崖山圣母庙会、城隍出府、社火、高跷、火狮子、英雄武鼓、旱船、东岳庙会、东滩庙会	10项
		建筑空间	西厢调、水烟作坊、陈醋酿造技艺、道台狮子、秦腔	5项
		街巷空间	烧秦桧	1项
	手工技艺类	商业空间	长面、糁饭、酸烂肉、面祺子、酿醋	5项
半公共空间	手工技艺类	民居空间	刺绣、砖雕制作、黄河水车制作、长面、糁饭、酸烂肉、面祺子、酿醋	8项

水烟大户，院落内仍然保存着当时的制作工具，一些商铺还在销售水烟；院落的窗户是剪纸的承载媒介，这是剪纸与建筑空间装饰的关系，虽然不直接与建筑结构、建筑空间布局发生联系，但窗花在传统村落是较为广泛的装饰，普遍存在；砖雕制作技艺的成果主要是作为建筑的装饰，并且起到寄托美好寓意的作用；长面、糁饭、酸烂肉、面祺子等制作，与空间的关系不大；黄河水车的制作需要较大的空间，在传承人家院落中进行，但并不影响空间格局，因此影响也不大；表演和社会风俗、礼仪、节庆类的非物质文化遗产与空间环境的关系最为密切，西厢调和秦腔在节庆活动时在戏台上表演，其他时候也会在自家院落组织唱曲活动；英雄武鼓、烧秦桧、道台狮子、火狮子、高跷表演、旱船表演都与村落道路和村落的公共空间有密切的联系；城隍出府、东滩庙会的祭祀活动直接与建筑空间产生关联，活动路线与村落道路及节点产生关联，因此，社会风俗、礼仪、节庆类非物质文化遗产与空间的关系最密切；表演艺术中的曲艺类与空间关系较密切；手工技艺中需要具体分析与空间的关系来断定密切度；口头传统与表述同空间的关系很小。

在汇总非物质文化遗产与其相关的空间时可以看出，道台狮子、城隍出府、东岳庙会、四月初八浴佛节4项活动与镇区的四个村落（青城村、新民村、城河村、瓦窑村）关系比较紧密，这些活动范围与其承载空间有紧密的联系，几处庙宇都是在镇区中心或紧邻镇区[36]。

青城古镇的文化空间中城隍庙的使用频率最高，也是青城居民的信仰空间，城隍庙前的公共广场，在活动时是人流疏散区，没有活动时是人们的休憩空间，邻近的建筑空间是政府公共场所，活动路线以校场巷和条城街为主，人流量最大（表5.18）。

青城古镇非遗空间等级（来源：作者自制） 表5.18

序号	非遗空间	非遗名称	相关度
1	城隍庙	道台狮子	ACABAABA
2	城隍庙	城隍出府	AAABAC
3	高氏祠堂	西厢调	BAABAC
4	罗家大院	青城水烟制作技艺	BAAACAB
5	民居院落	青城陈醋酿造技艺	BAABBC
6	东滩庙	东滩庙会	BAABBBCC
7	各个村落	火狮子	CBABABBB
8	各个村落	高跷	BCCCB
9	各个村落	英雄武鼓	CBAAAB
10	各家院落	刺绣	CBABBAB
11	各家院落	剪纸	CABBCC
12	各家院落	长面	CBABCBAC
13	各个庙宇	秦腔	CBAABAB
14	各家院落	糁饭	CBAAB
15	各家院落	酸烂肉	CBABBAB
16	各家院落	面祺子	CACAB
17	李长青民居院落	砖雕制作技艺	CBAABAB
18	李长青民居院落	黄河水车制作技艺	BAAACBB
19	菩萨殿	四月八浴佛节	CBAACB
20	东岳庙	东岳庙会	CACAB
21	各个村落	旱船表演	BABAACB
22	各个村落	青城传说故事	CACAB
23	圣母庙	黄崖圣母庙会	CBAAAB
24	东井台	烧秦桧	CBAACCA
25	各个村落	社火	CBACCCB
26	各个村落	铁芯子	CBAACA
27	各个村落	楹联	CBABABC
28	各个村落	宫灯	CBAAB

5.3.3 利用空间句法对青城古镇非物质文化遗产相关空间特征的分析

青城古镇非物质文化遗产活动丰富，其活动空间样本同样丰富，下面将其镇内的活动空间样本从动静两方面分类，共分为五类。动线类空间载体分为：①社火活动，包括高跷、火狮子、英雄武鼓、旱船；②动态建筑空间与街巷空间组合，包括城隍出府、道台狮子、烧秦桧。静态空间类分为：①公共建筑空间，包括西厢调、四月八浴佛节、黄崖山圣母庙会、东岳庙会、东滩庙会；②静态民居空间，包括刺绣、长面、糁饭、酸烂肉、面祺子、酿醋水烟作坊、黄河水车和砖雕制作；③静态商业空间，包括长面、糁饭、酸烂肉、面祺子、酿醋。

因镇区空间载体有限，样本量小于 30，采用图示法进行分析，分别选用具有代表性的，整合度的全局和局部（r3），选择度的全局和局部（r3）四个参数，对其各类活动空间载体的可达性和分布特征进行分析。

5.3.3.1 整合度分析

古镇全局整合度和局部整合度的分布情况相似，仅 3 号民居所在轴线在局部整合度中偏好，可理解度较好，达到 0.7，属于较高水平，即局部和全局整合度的浮动情况较为一致，具有较好的相关性。笔者将对古镇五类非遗空间进行全局和局部整合度的分析（图 5.59~ 图 5.61）。

1. 动态建筑空间和街巷空间：涉及 9 号、11 号全局中最具中心性的街道，为全域范围内可达性、聚集性较好的街巷，其他空间节点所处轴线 2 号、3 号、10 号、13 号、14 号、15 号、12 号均表现为中等水平，Rn 越高，即动态路线所涉及的空间在全局范围内的可达性较高，位于全局中较为方便到达的位置，容易形成人流的汇集。

2. 商业空间：沿全局最凸显的 9 号轴线两侧，直到南部建筑稀少的位置终止，但 11 号同样集成度最高的轴线两侧并没有商业空间的分布，说明商业空间分布更加偏好位于全局整合度最高的两根轴线的交叉点两侧分布，这也符合商业空间对于曝光度和人流量的需要。

3. 民居空间：全局整合 9 号、11 号为全局中心性最强的道路，其次是 3 号和

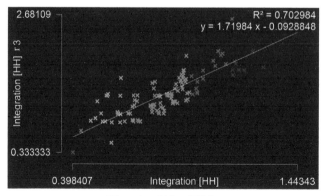

图 5.59 古镇可理解度

（来源：作者自绘）

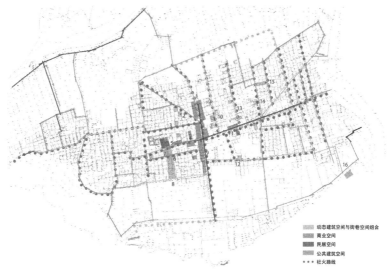

图5.60　全局整合度

（来源：作者自绘）

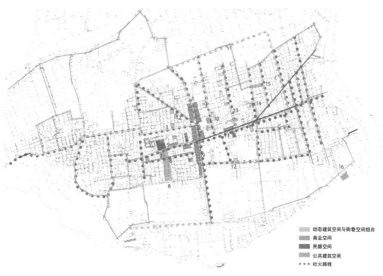

图5.61　局部整合度（r3）

（来源：作者自绘）

4号轴线，全局范围内可达性较好，10号、12号、13号、15号、14号可达性一般，最后是2号、5号轴线可达性较差。可见承载了非物质文化活动的民居空间在全局整合度的各个层面都有分布，受全局可达性分布的影响较小，呈现出一定的随机性，是散布在村内各个方位的。

4. 公共建筑空间：轴线4号全局可达性最高，12号较高，5号、6号一般、16号较差，位于镇的边缘。举办各类祭祀表演活动的公共空间，不仅受到可达性影响，更受到活动场地的大小、开敞性影响，是具有目的地性质的空间，而非商业空间类，由人的自由流动产生热度的空间。

5. 社火活动空间：在古镇中，社火的活动范围非常广，社火活动的路线几乎涵盖了村内主要、次要的道路，仅边缘全局可达性显著较低的道路不涉及，与村落系统不同，镇内社火活动受道路全局可达性影响不大，但仍旧偏好在两侧均有建筑的内部道路活动，以增加曝光度和活动的可见程度。

5.3.3.2 选择度分析

同理，对象征"容易被选择经过"程度的选择度进行分析。与全局选择度相比，3 号轴线的局部选择度下降到较差水平，11 号轴线在局部范围内为最高水平，而 9 号轴线在全局选择度中处于最高水平，在局部选择度中处于较高水平，其他非遗空间载体所在轴线在全局选择度和局部选择度（r3）的表现上相似（图 5.62）。

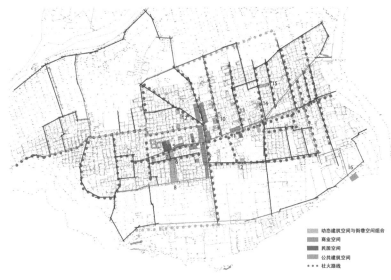

图 5.62 局部选择度
（来源：作者自绘）

1. 动态建筑空间和街巷空间：涉及 9 号、11 号在全局或微观局部都是最易被选择经过的道路，所处轴线 2 号、3 号、10 号、13 号、14 号、15 号、12 号在局部选择度中均较差，而在全局选择度中 3 号、10 号轴线表现一般，其余较差，说明此动态类互动对于选择度的依赖并不大，更加倾向于选择整合度较好的街道。

2. 商业空间：与整合度分析相似，沿全局最凸显的 9 号、11 号交叉口及轴线两侧，直到南部建筑稀少的位置终止，符合商业空间对于曝光度和人流量的需要，人流在容易经过的道路易形成聚集、闲逛等行为。

3. 民居空间：全局整合 9 号、11 号为全局和局部容易被自然人群选择经过的道路，其次是 3 号轴线，在全局范围内容易被经过，4 号轴线在全局和局部中都易被选择，10 号、12 号、13 号、15 号、14 号表现较差，民居空间的分布并不局限在某一层次的轴线上，与整合度分析相仿，在各个层面都有分布，受可经过性的影响较小，呈现出一定的随机性，是散布在村内的一种空间。

4. 公共建筑空间：4 号、12 号、5 号、6 号在全局和局部选择度中的表现都偏低，与之前整合度分析结论一致，举办各类祭祀表演活动的公共空间，不仅受到居民自然流动的行为选择影响，更受到活动场地的大小、开敞性、功能等空间属性的影响，是目的地空间，通过本身的功能和性质吸引人流。

5. 社火活动空间：社火活动的范围广泛，且几乎不受选择度分布影响，仅在村落外围，或者只有单侧建筑的道路没有社火的分布，社火活动路线在古镇中是普及化非常高的，在古镇中充分地进行。

5.3.4　青城古镇非物质文化遗产与其传承空间环境存在的问题

5.3.4.1　资源分配不均衡

在非物质文化遗产所在的古镇空间营造中，商业空间已经天然处于选择度和整合度较高的位置，而民居空间因分布较分散、业态不连贯。通过对青城镇五类空间的分析，9 号、11 号轴线两侧，是五类空间都占据的核心区域，除了主街巷 9 号、11 号，在有非遗相关建筑的街巷，人们的参与度会高一些，其他街巷，由于非遗活动及非遗空间类资源较少，因此参与度都比较低。

5.3.4.2　村落道路系统不连贯

中心区域的道路较完整，贯穿整个古镇，越往古镇的周边，道路越不完整，会出现断头路，道路的质量也参差不齐，雨雪天气时，有的道路泥泞，路况差，影响周边居民的日常出行。社火活动时，大队伍遇到断头路时需要折返，因此，再次举办社火活动时会避开这条路线，这条街巷居民的社火活动参与度就会降低。

5.3.4.3　公共空间中非遗活动的使用率较低

公共空间一方面指建筑外部的公共广场、街角空间、临街空地等，另一方面指建筑内部的空间。目前，与非遗相关的公共广场、街角空间、临街空地主要是以社火表演类活动为主，广场等空地受活动时间的限制，只有在重要节日期间才会使用，使用率较低。公共建筑内部的空间，没有得到很好的利用，青城古镇几处比较有代表性的公共建筑，目前展示的只是其建筑本身的价值，随着时代的发展，建筑内部原本的功能已经消失或者改变。

目前青城古镇主街区非遗活动非常频繁，其他街区非遗活动几乎没有，而这两个区域缺少一个过渡空间，游客基本都是在主街巷参观游览，很难深入了解古镇文化。我们在村落营建时，并不是将整个村落营造成非遗活动区域，而是合理地恢复或是利用空间，传承非遗，增加其使用率。

5.3.5 青城古镇非物质文化遗产与其传承空间环境的整体性保护措施

5.3.5.1 非物质文化遗产的传承

传统文化在生活中有着不可替代的作用，它的多样性和传承性有助于当地文化生态平衡。文化空间多样性也有助于传统文化的延续。文化生态理念秉承多元的包容态度，强调在文化上对不同阶层和群体的特色给予尊重，并关注普通居民的生活状况[37]。因此，我们要留住文化的承载者——当地居民，他们世世代代在这里居住，对青城有强烈的归属感和认同感，他们一方面希望能保持这样的邻里、宗族关系，另一方面希望生活的环境能变得更加舒适、方便。我们需要考虑在保护青城文化，不破坏村落及邻里交往空间的同时，从他们生活的角度出发，改善这里人们的生活环境。

与物质文化遗产一样，非物质文化遗产也具有时间记忆，具有历时性的特征，并且一旦消失了，很难再恢复，因此尤其是对于不好保存、传播度没有那么高的非物质文化遗产，需要通过宣传、组织活动等形式，提高人们对这类文化的了解、普及认知度。

5.3.5.2 传承空间环境的整合

传承空间环境是非物质文化遗产的载体，同时它也承载着非物质文化遗产的历史，而非物质文化遗产的未来也需要传承空间作为可持续发展的基础，青城古镇的非物质文化遗产承载空间主要包含四个方面：民居院落空间、街巷空间、公共建筑空间及村落。

首先，对建筑遗产的信息进行完善，对民居院落空间的保护需要从两处着手，一方面对古民居按照历史建筑的保护原则进行修缮，另一方面对非物质文化遗产相关院落空间的保护，需要保护其空间布局、建筑形态、建筑文化等；其次，街巷空间需要保护街巷与临街建筑的边界尺度，道路铺装的养护；再次，公共建筑空间一方面保护历史建筑，划定周边保护环境范围，另一方面对建筑空间对应的公共广场进行有效利用；最后，对村落整体以及村落的周边环境进行保护，改善周边的自然生态环境，增加公共空间的使用率，完善基础设施及村落间的互联（表5.19）。

建筑保护标准（来源：作者自制） 表5.19

	保护标准	具体措施
修缮建筑	保留了历史建筑的特征，但破损严重，按照历史建筑的修缮标准执行	保留现有的空间格局及院落布局，改造基础设施
改建建筑	不符合周边环境的部分进行拆除或者改善	改善居住环境，增加绿化，建筑内部空间进行合理优化，改造不合理的布局及设施
重建建筑	与古镇历史环境格格不入的建筑予以拆除，重建符合当地民居风貌的建筑，按照古镇新建建筑的标准执行	沿用当地民居的建筑形态，建筑外部与周围环境协调统一，建筑内部可以根据住户的需求，设计更加合理便捷的空间布局，增加现代化的基础设施
新建建筑	在历史建筑划定的保护范围之外新建，必须按照古镇的新建建筑的标准执行	沿用当地民居的建筑形态，建筑外部与周围环境协调统一，建筑内部可以根据住户的需求，设计更加合理便捷的空间布局，增加现代化的基础设施

5.3.5.3 街巷风貌提升

对村落中有历史建筑的老街进行风貌修复，使用一些与当地环境相融合的本土材料进行街巷地面、建筑外墙面、门窗屋顶等内容的修复工作；对沿街的历史建筑进行修缮，在修缮时要保证历史建筑的原有风貌特征；对村落的建筑高度进行规范要求；沿街的外立面颜色与原有村落的颜色保持统一；建筑外立面的门窗、屋顶的构件缺损的，在修复时需要与原有风貌一致；提炼本土文化元素，将其运用在村落的景观空间中；通过传统民居或历史建筑展示当地的民俗、手工艺等传统文化，提升这类建筑的活力（图5.63、图5.64）。

图5.63 历史建筑沿街风貌提升
（来源：作者自摄、自绘）

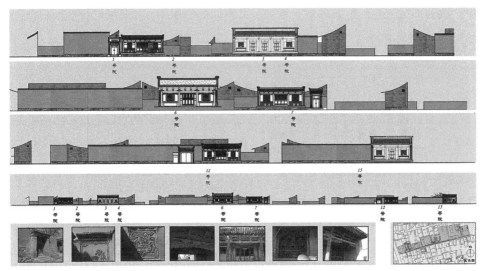

图 5.64　直街巷古民居沿街风貌提升
（来源：作者自摄、自绘）

5.3.5.4　节点空间风貌提升

　　青城古镇的核心区域主街巷部分因为前期规划部门的介入，已经对其风貌进行了修复，但是由于过度规划，使其原有的乡土风貌被破坏，因此针对主街巷的风貌修复，需要去掉过多的修饰及装修痕迹，尽量在还原街巷原有的风貌基础上，保留修复较好的部分，主街巷的商业空间，除了小吃、手工商品，还可以增加传统文化的教育、科普等功能；非核心区域的街巷风貌保持得较好，在不破坏的前提下，尽量保留延续，修整路面、河道、建筑外立面，整治环境空间，增加绿地和一些本土元素的景观节点，针对老人、儿童设置一些便捷的场所，优化青城古镇的历史建筑周边空间环境，吸引人更深入地游览村落的非中心区域（图 5.65）。

5.3.5.5　历史建筑修缮

1.青城古镇城隍庙

　　城隍庙沿新修复的正门从北向南依次为：正门、廊柱悬空式二层文化娱乐室、戏台、东厢房及其耳房、长廊、鼓楼、献殿、大殿、寝宫（现已毁，改建为民俗文化展厅）。总建筑面积为 800m²，现存古建筑有献殿，其余为后期修建。

　　献殿为单檐卷棚歇山顶，面阔五间，通面阔 13.1m，通进深 13.04m。梁架有倾斜，部分有拔榫。A4、A5 榫卯拔榫严重。东侧额枋开裂，柱子糟朽开裂。北立面走马板弯曲变形严重，四樘扇门干缩变形。南立面四樘扇门扅心雕饰严重残缺，裙板有开裂，走马板有鸟粪。额枋上麻叶头全部缺失。围栏松动、开裂，部

（a）节点空间改造前　　　　　（b）节点空间改造后

图5.65　青城古镇节点空间风貌提升前后对比

（来源：作者自摄、自绘）

分破损。梁架彩绘褪色。山墙略有走闪，砖雕部分缺损，东山墙有裂缝。墀头墙下碱青砖有酥减。室内水泥砂浆地面，外廊红砖铺地，部分残缺，水泥砂浆台明。顶为泥背盖瓦，杂草丛生，筒瓦有缺失，部分小面积坍塌成洞。檐口弯曲变形。北侧滴水缺失 8 个，勾头缺失 4 个。南立面滴水缺失 13 个，勾头缺失 18 个（图 5.66）。

（a）童柱上檩子外滚，最大外滚 120mm　　（b）梁架有倾斜，部分有拔榫　　（c）走马板弯曲变形严重

（d）梁架彩绘褪色　　（e）屋面漏雨导致屋内梁架表面雨渍、糟朽　　（f）屋面瓦件破损、滴水勾头缺失

图 5.66　城隍庙现状
（来源：作者自摄）

2. 城隍庙修缮设计

对劈裂（干裂）木构件进行裂缝修补、加固；对变形构件和节点进行适当调整、加强；对糟朽构件进行挖补、包镶、墩接处理和更换、修补；补配缺失构件；整修歪闪、断裂的槅扇窗心。全部更换新砖铺墁，全部屋顶瓦面重新揭瓦，添配残损、丢失脊、瓦件；苫背全部挑顶翻修；粘接修补、添配丢手兽件。

3. 修缮方法（表 5.20~ 表 5.23）

城隍庙地面修缮做法（来源：作者自绘）　　　　　　表5.20

构件名称	残损现状	修缮说明	做法说明
室内、外地面	地面现做红机砖铺墁和水泥砂浆地面	全部更换新砖铺墁	清除现有地面，原土夯实，做150mm厚3：7灰土，再做20mm厚掺灰泥（1：2），室内、外地面采用MU10尺四方砖（470mm×470mm×60mm）细墁，砖缝用油灰勾抹

续表

构件名称	残损现状	修缮说明	做法说明
散水	已拆除	重做	补做散水，散水处原土翻夯实，做150mm厚3：7灰土，上用240mm×115mm×53mm四丁砖"拐子锦"细墁，做3%坡度的散水，两侧灰土铺至距散水500mm
台基	水泥砂浆抹面，内部待查	重做	大开条砖（260mm×130mm×50mm全顺）砌筑台帮，上压阶条石（花岗石）砌实，并灌足灰浆，白灰砂浆强度等级为M7.5。台帮底部垫一层花岗石（330mm×200mm）

城隍庙木构件修缮做法（来源：作者自绘） 表5.21

构件名称	残损现状	修缮说明	做法说明
梁枋	劈裂裂缝宽度≤5mm时	用腻子勾抿严实	环氧树脂腻子
	劈裂裂缝宽度＞5mm，长不超过1/2L，深不超过1/4B时	用干燥旧木条嵌补，用结构胶粘牢，视具体情况确定是否加铁箍	结构胶为改性环氧树脂，根据使用要求调整配比，区别是内外环境及木材的要求
	劈裂裂缝宽度＞20mm长、深沟超过前条时	除嵌补外，须加铁箍1~2道，宽50~100mm，厚3~4mm	
	糟杇深度＜5mm时，糟杇深度＞5mm时	现场进行防腐处理	防腐材料采用鹏鹏酚合剂，浓度4%
檩柱	劈裂	同梁枋修缮	当柱子墩接时，按阴阳巴掌榫墩接，墩接长度不得小于400mm。然后加刷防锈漆铁箍（80mm×4mm）2~4道，柱根部做透风，保持墙体内柱通风畅通和干燥，防止柱糟杇
	外滚	在外侧用螺栓加固	
	拔榫	增加铁扒锔	
	5mm＜劈裂裂缝＜50mm时	用干燥旧木条嵌补，用结构胶（间苯二酚甲醛树脂）粘牢	
	劈裂裂缝＞50mm时	除粘补外还须加铁箍1~2道，宽80~100m，厚4~5mm	
	柱根表皮糟杇，深度不超过1/4D时	剔除补配和防腐处理	
	柱根糟杇严重，深度不超过1/4H时	用干燥旧木料墩接，并加嵌箍1~2道	
斗栱	斗栱缺失	补配、粘牢、钉固	
	斗腰压扁	硬木片在斗口内补齐	
	劈裂	用结构胶粘补	
	糟杇	剔除补配、粘牢	

城隍庙檐望修缮做法（来源：作者自绘）　　　　表5.22

构件名称	残损现状	修缮说明	做法说明
椽、飞	劈裂＞5mm	同梁枋嵌补	可用木条粘牢补严，然后加铁箍（25mm×3mm）1~2道，铁箍搭接长度不得小于50mm
	椽、飞头糟朽、当糟朽长度＜10mm时	砍刮干净进行防腐处理	
连檐、瓦口、望板	糟朽严重	按原则更换	连檐、瓦口、望板

城隍庙屋顶修缮做法（来源：作者自绘）　　　　表5.23

构件名称	残损现状	修缮说明	做法说明
屋顶瓦面	屋面90%长草，苫背待查；瓦件丢失、破损约60%，捉节夹垄灰部分开裂。屋面筒瓦15%脱落，局部漏雨	全部拆除现有屋面，整修屋面	屋面做法：椽上布踏条（踏条宽70mm，搭接宽度45mm，踏条刷防腐漆两道），其上做20mm厚护板灰一层，滑秸泥一层（每层厚30mm），做月白灰背一层（每层厚30mm），做青灰背一层（每层厚30mm），20mm掺灰泥一层，上铺板瓦。板瓦伸出椽子1.5寸。丢失筒、板瓦，按原式添配

4. 修缮设计

（1）城隍庙、雨篷平面

清除现有地面，原土夯实，做150mm厚3：7灰土，再做20mm厚掺灰泥（1：2），室内、外地面采用MU10尺四方转（470mm×470mm×60mm）细墁，砖缝用油灰勾抹。台帮底部垫一层花岗石。散水处原土翻夯实，做150mm厚3：7灰土，上用四丁砖"拐子锦"粗墁，做3%的散水，两侧灰土铺至距散水500mm。花岗石采用MU100石料（图5.67）。

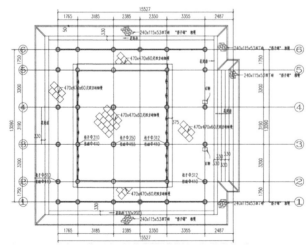

图5.67　城隍庙、雨篷平面设计（单位：mm）

（来源：作者自绘）

（2）城隍庙正立面、城隍庙雨篷剖面

屋面尊重当地传统做法，椽上布踏条（踏条宽70mm，搭接宽度45mm，踏条刷防腐漆两道），其上做20mm厚护板灰一层，滑秸泥三层（每层厚30mm），做月白灰背两层（每层厚30mm），做清灰背一层（每层厚30mm），20mm掺灰泥一层，上铺板瓦。板瓦深处椽子1.5寸。

修理时整扇拆落，归安方正，接缝要重新灌胶粘牢，最后在扇活背面加铁钉子。边挺和抹头局部劈裂糟朽时应钉补牢固，严重者予以更换。心屉补配时应根据旧梶条的样式，依样配置，单根做好后，进行试装，完全合适时，再与旧梶条拼合粘牢。丢失的雀替、花芽板依原样补配。

柱子糟朽部分，通过挖补和包镶的方法解决，将腐朽部分剔除干净，经防腐处理后，用干燥木材依原样和原尺寸修补整齐，并用耐水性胶粘剂粘接（推荐用间苯二酚树脂胶）。

对各构件进行检修、剔补，加固劈裂部位。打牮拨正时，应先揭除瓦顶，拆除望板和椽子，并将檩端的卯榫缝隙清理干净。加固铁件全部取下，对已严重残损的檩、梁等构件，也应先行拆下。板瓦伸出椽子1.5寸（图5.68、图5.69）。

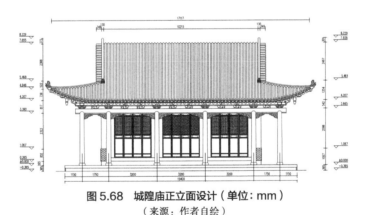

图5.68　城隍庙正立面设计（单位：mm）

（来源：作者自绘）

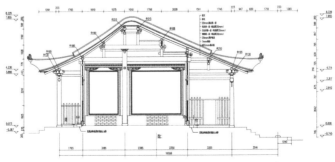

图5.69　城隍庙、雨篷剖面设计（单位：mm）

（来源：作者自绘）

5.3.5.6 交通用地与绿地规划

考虑旅游交通问题，在古镇入口的外面增设停车点，避免影响古镇内部的空间格局；以村落的自然环境为基础，避免大片的硬质铺地，绿地应以自然形态为主，尽量避免出现笔直的绿地规划，同时注重庭院绿化，全方位改善自然、生态环境；结合文物古迹的保护，在注重原有风貌和格局的情况下，公共空间的绿地面积增加，有利于整体生态环境、历史建筑环境和村落空间环境的提升；铺设草地绿化带，作为宅旁绿地，供居民活动。

5.3.5.7 适度发展旅游业

目前，青城镇政府规划的旅游带动经济发展，起到了显著的效果，但是这仅仅是从政府部门的目标出发，发展当地经济，虽然也通过设计院、规划院作了规划设计，但是设计规划的尺度较大，政府部门没有专业人员把关，现在建成的仿古建筑、水泥路面，主街巷的临街商铺，通过改造，换上了统一样式的牌匾、材料和外立面颜色，失去了青城镇原有的古镇风貌，反而是古镇内部相对封闭的空间，没有改造，仍保持着原有的村落风貌，历史建筑的修缮也在按保护原则逐步进行。青城镇的经济的确得到了发展，但长久来看，失去原有风貌的古镇，未来的可持续发展是较大的问题。

青城古镇的周边自然生态环境丰富，丰沛的水资源、良好的土壤环境，使得这里的水产和农作物收获颇丰，黄河渡口景观、荷塘景观独具特色，对周边环境的适度开发也可以带动青城古镇的经济发展。

5.3.5.8 各部门、人员的协调与合作

非物质文化遗产与其传承空间环境的保护是一个复杂的系统，涉及的部门和人员复杂。青城古镇的不合理规划导致古镇风貌遗失，一方面是规划和设计部门对遗产保护专业的不了解所致，另一方面是政府部门追求经济利益导致的。古镇的规划和设计需要小尺度地进行，并且需要由文化遗产相关专业的人员指导。传承人的申报也存在问题，缺乏专业的认定资质。因此各部门间的协调合作非常重要，除了与非物质文化遗产和建筑空间环境有直接关联的传承人、政府工作人员等，还需要有文化遗产专业的专家学者来指导。

5.4 建筑空间功能协调及修复

5.4.1 榆中县非物质文化遗产与其传承空间环境的适应性保护

与空间环境相伴生、以不同形态存在的传统音乐、民俗习惯、手工技艺等非

物质文化遗产如何与空间环境良性共生，这是我们面临和需要解决的问题。本节从微观的视角展开，研究榆中县非物质文化遗产与其传承空间环境如何保护，能够让二者相互适应，可持续发展。

5.4.1.1　福元泰水烟制作技艺

福元泰水烟作坊在金崖镇尚古城村，榆中县青城镇、苑川河流域的金崖镇等地，一直是黄花烟的种植地，后来，水烟不允许私人制作后，水烟作坊就改成了水烟厂，由公家管理，后来因经营不善而倒闭。南方商人看到水烟的商机，买下自己经营，又恢复了生产（图5.70）。

（a）晾晒　　　　　　　（b）闷烟　　　　　　　（c）压把

（d）推丝　　　　　　　（e）压方　　　　　　　（f）出风

图5.70　水烟制作工序
（来源：作者自摄）

1. 水烟制作空间

水烟作坊是一个四面围合的院子，现存的建筑物有过廊及两侧库房和南北两侧厂房。其中，北房17开间，3进深；南房14开间，3进深；过厅旁的厢房供水烟制作的工人居住使用。水烟作坊建于明代，清代发展成为榆中最繁荣的商贸时期。随着市场经济的冲击，水烟市场日益萎缩，到20世纪90年代后期，停止了生产。2011年9月，南方商人接手了水烟作坊，水烟制作也逐步恢复以往传统的工序，仍然使用以前的老字号商标，使用的还是原来的加工设备、配方和技艺（图5.71、图5.72）。

2. 建筑空间现状

水烟厂是一个四面围合的院子，现存的建筑物有过廊，两侧有库房，南北两侧是厂房。北房的室内地面有磨损和开裂的情况。柱子损毁比较严重，有些柱子

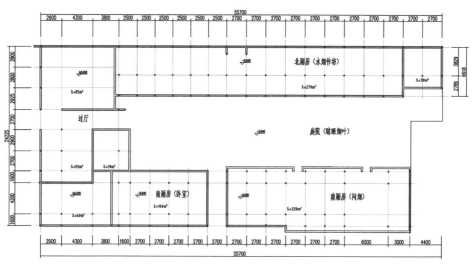

（a）水烟制作空间平面图

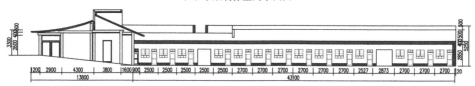

（b）水烟作坊剖面图

图5.71 水烟制作空间（单位：mm）
（来源：作者自绘）

（a）水烟作坊院落内

（b）水烟作坊门楼

图5.72 水烟作坊
（来源：作者自摄）

有裂缝。屋内的地面不平整，部分屋顶有局部漏雨的情况。另外，墙角处的水泥表面脱落比较严重，南面房间的部分柱子有轻微裂痕。门窗损毁严重，基本不能使用，梁上和梁架有部分地方开裂，还出现了倾斜、错位的情况。墙体邻近地面处大面积开裂，表皮脱落（图5.73）。

（a）门窗损毁严重　　　　　　　　（b）墙面脱落

图5.73　水烟作坊建筑现状

（来源：作者自摄）

3.适应性保护

通过对水烟作坊的分析研究，可以使与非物质文化遗产相关传统建筑的保护问题变得明晰。这类建筑的特点在于，与水烟制作有着密切的关系，这种由非物质文化遗产赋予的建筑特点使得这类建筑与其他的传统建筑有明显的不同。水烟制作因为时代的更新，面临着淘汰的危机，如果被淘汰，不论对于水烟文化还是建筑遗产来说都是一个难以挽回的损失。因此，我们首先修缮水烟作坊建筑本身，将开裂、磨损的部分进行修复，将缺失的部件补齐。将水烟制作的传统方法进行详尽的整理，保留水烟制作的工具，利用水烟作坊的建筑空间做一些与水烟相关的展示，延续它的功能，使水烟文化更好地传承下去，以此促进地域传统建筑风貌的多元化特点。

5.4.1.2　陆氏旱船制作技艺

陆氏旱船制作及表演技艺是兰州市榆中县社火表演中较为重要一个项目，是民间纸扎、彩绘、木艺制作和音乐、舞蹈表演的集合体。这项表演始于明洪武二十六年（1393年），陆氏祖先陆安随朱元璋十四子朱楧从江苏昆山陆家镇来甘肃榆中定居，带来江浙一带的旱船制作及表演技艺，融入当地的社火，辅以小曲、秧歌、铜器、锣鼓伴奏，形成了传流至今的旱船表演。

1.制作及表演空间

目前旱船制作在传承人家中院落进行，院落里一处废弃的房屋用来放置旱船，等第二年需要用时，木质的框架就不需要重新制作了，只需再做些装饰，通常每两年重做一次。制作出来的旱船主要用于非遗七月官神活动（图5.74、图5.75）。

2.旱船制作技艺现状

旱船制作技艺的传承人对旱船制作这项技艺十分重视，多来年收集丰富的资

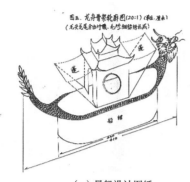
（a）旱船设计图纸

（b）旱船制作

（c）旱船储存

（d）旱船表演

图 5.74 旱船制作工序及表演
（来源：作者自摄，旱船设计图为传承人绘制）

料，绘制了详细的旱船制作图纸，并撰写非物质文化遗产申报材料，使得金崖旱船相关的资料完整地保留了下来。现在传承人已经从金崖搬家至四川，传承人的儿子仍在金崖，目前没有从事这项手工技艺，传承比较困难。

3.适应性保护

旱船制作的传承人住宅条件较好，家中存放旱船的空间是一间废弃的屋子，屋

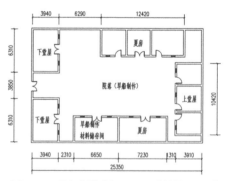
图 5.75 旱船制作空间平面图（单位：mm）
（来源：作者自绘）

内比较杂乱，可以将屋内进行整理，贴挂一些旱船制作的图纸和表演的照片。安装屋门，防止旱船遭受风雨侵蚀。旱船表演在村镇民俗活动中十分常见，在金崖镇的七月官神、社火等活动中是比较重要的表演内容，因此保护旱船制作和表演显得尤为重要。村镇中的民俗活动通常是多种非遗项目组合在一起的大型表演，每一类非遗承担着特定的职责，这些非遗的缺失会导致民俗活动内容不完整，因此，在保护这些子项目的同时，民俗活动整体性的保护显得非常重要，从大的民

俗活动到子项目的层级式保护方式，更有利于这类非遗的长久发展。

5.4.1.3 城隍出府

城隍庙里面供奉着的城隍爷是从兰州请来的督城隍。据相关石碑记载，清雍正二年（1724年），省城的城隍庙重修后，原督城隍的塑身由于较小，显得与新庙院不协调，于是重塑新身。省内各府县得知此事后，竞相奉请旧塑身，最终督城隍的这尊塑身被请到了青城。城隍出府的规格为"半銮驾"，即为皇帝出巡人数的一半，最多时三百多人参加。

1. 活动时间

城隍出府的活动时间为清明节的前一天与"十月初一"鬼节，而这两个节日在民间与鬼神、祭祀活动相关，一般认为城隍爷出府的目的是"巡视"四方民情，办理案件，护佑乡民，消灾去祸。城隍出府庙会活动持续三天。

2. 活动空间分析

城隍出府的前期准备以及在活动过程中的化妆、道具储存都在城隍庙的东南侧四合院内，城隍出府的前一天（即清明节前两天）下午，在城隍庙进行"请神"活动，城隍出府当天（清明节前一天）出巡，途中会在东井台停留，表演后会短暂休息，然后到达行宫，三位城隍爷在崇兰山城隍爷的行宫"住宿"一夜。翌日，由行宫返回城隍庙，城隍爷从行宫回城隍庙的这段路上，一路都跪着信奉者，等到抬着城隍爷的轿子过来时，由自己头上抬过去，以这种形式来祈求平安，保佑家人健康。城隍出府的三天时间，当地的戏班在城隍庙内的戏楼上为城隍爷唱戏。城隍庙前的狄青广场对参与城隍出府活动的大量人群起到了较好的分流作用，经过的道路以教场巷和后街两条道路为主，这两条道路的宽度分别为7m和5m，基本满足了活动的需求（图5.76~图5.78、表5.24）。

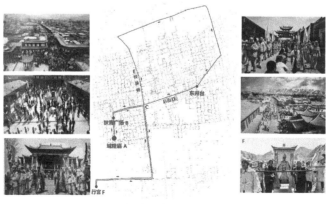

图5.76 城隍出府村落活动空间分析
（来源：作者自摄、自绘）

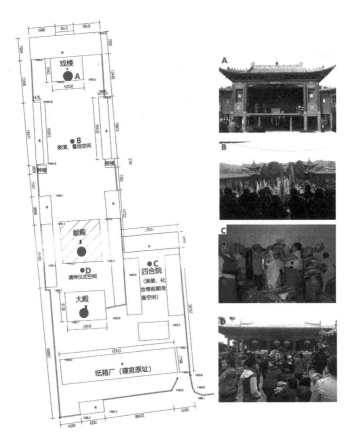

图 5.77　城隍出府在城隍庙的活动空间（单位：mm）
（来源：作者自摄、自绘）

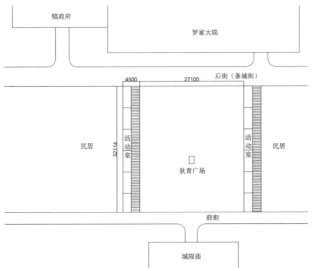

图 5.78　狄青广场空间环境（单位：mm）
（来源：作者自绘）

城隍出府活动空间名称及尺度（来源：作者自绘）　　　表5.24

空间格局名称	长度/m	宽度/m	面积/m²	功能
城隍庙	121	23	2783	排练、表演
狄青广场	32.7	27.1	886.2	表演
行进中的主要道路（校场巷）	835.3	7	5847.1	表演、信奉者跪拜城隍爷
行进中的主要道路（后街）	621.7	5	3108.5	表演、信奉者跪拜城隍爷
东井台	270	9	2430	表演
行宫	17	28	476	城隍爷休息
城隍庙旁四合院	30	19	570	前期准备

3. 城隍庙建筑现状

献殿的梁架有倾斜，部分有拔榫。东侧额枋开裂，柱子糟朽开裂，北立面走马板弯曲变形严重，四槏扇门干缩变形，南立面四槏扇门屉心雕饰严重残缺，裙板有开裂，走马板有鸟粪，额枋上麻叶头全部缺失，围栏松动、开裂、部分破损，梁架彩绘褪色，山墙略有走闪，砖雕部分缺损，东山墙有裂缝，墀头墙下碱青砖有酥碱。室内水泥砂浆地面，外廊红砖铺地，部分残缺。顶为泥背盖瓦，杂草丛生，筒瓦有缺失，部分小面积坍塌成洞，檐口弯曲变形，北侧滴水缺失8个，勾头缺失4个，南立面滴水缺失13个，勾头缺失18个（图5.79）。

（a）屉心雕饰缺失　　　　　　　　　（b）柱身开裂

图5.79　城隍庙建筑现状

（来源：作者自摄）

4. 周边环境

城隍庙南侧以前是城隍爷的寝宫，后来因损毁严重，拆除后建成了纸箱厂，现仍使用中。城隍庙的北侧是青城镇的狄青广场，据《罗氏家谱》中记载：狄青招募罗茂斋来青城管理农田等各项事务，一家人迁来甘肃。长子罗月泉，子承父业，也到一条城管理农田相关事务，晚年又与家人回到老家江西。此后，人们为了纪念狄青，将"一条城"称之为"青城"。随后建了狄青广场来纪念狄青。广场较大，活动期间可以兼具表演空间和疏散人群的功能。在调研过程中发现，广场在日常生活中，使用率很低，缺少休息和遮阴的设施（图5.80）。

图5.80 狄青广场
（来源：作者自摄）

5. 适应性保护

"城隍出府"是青城镇的一项重要活动，活动期间几乎是人人参与，活动中保留了传统文化，是青城古镇保护最完整的非物质文化遗产项目之一，城隍出府的保护与传承具体有以下几项措施：

（1）城隍出府的活动空间主要集中在城隍庙、行进的路线及行宫，所在的庙宇空间进行定期的维护，保持行进路线的道路形态。

（2）城隍庙在没有庙会活动时，除了接待游客参观，平时是村里的老人们打牌、聊天、避暑的空间，城隍庙前的狄青广场在不举办活动的时候，基本空置，没有被利用起来，除了游客参观城隍庙路过，或者人流量多的时候作短暂停留，基本都是空旷的状态，应该在广场周围提供座椅供人们休息，增加遮阴纳凉的树植及绿化。活动路线经过的岔路口东井台作为间歇或驻足表演的临时场所，平时村民会在这里打牌、聊天，应该对东井台公共空间进行环境改善及营造。

（3）对城隍庙内的献殿进行修缮，制定适应当地古建筑的修缮原则，尊重当地建筑的原貌，修缮前需要建筑学专业的专家绘制专业的图纸和具体的文字说明，施工时要完全按照图纸施工，有技术指导人在场指导；对于已经修缮过的建筑物，不符合原貌特征的，应当予以恢复，使历史建筑符合原有的形态。

5.4.1.4 道台狮子

狮子在中国传统文化中是瑞兽，寓意吉祥刚正，因此民间有舞狮子的习俗，李联桂有诗作记述"道台狮子"的表演盛况："铜头铁额金毛披，妙绝盘空舞一狮立起柴山高百尺，令人昂首尽惊奇"[38]。

新民村"道台狮子"已有100多年历史，民间相传，清代同治年间，一位叫"张道台"的山东人把舞狮子的技艺传授给新民村长寿巷人，并将一些道具赠予他们，其中铜制狮子头至今还保留。后来，舞狮子的技艺得到进一步的完善，成了重大节庆时重要的表演节目，为了纪念这位传艺给他们的"张道台"，当地老百姓将这种"狮子"尊称为"道台狮子"。

1. 活动时间

道台狮子在早期主要是新民村村民正月十五和正月十六组织进行的表演，现在随着旅游业的发展，人们观看的需求变多，在每年的文化节也会进行表演。第一天表演柴山、翻天营；第二天一字大板桥、五簒梅（五个板凳呈梅花的形状）。

2. 活动空间分析

道台狮子需要空旷的广场或者街道进行活动，活动形式主要分为两种，第一种是固定场所，新民村的城隍庙内、狄青广场和青城小学；第二种是行进式的表演，因为表演时两旁需要有宽敞的观演空间，所以主要以较为宽敞的主街道后街（条城街）为表演路线，平时排练在新民村村委会内（图5.81）。

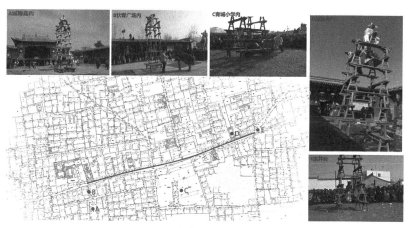

图 5.81　道台狮子活动空间分析
（来源：作者自摄、自绘）

3. 周边环境现状

城隍庙前的狄青广场，提供了道台狮子表演的观演空间及人群疏散空间。青城在 2007 年进行了道路修整，虽然后街的路面宽敞，但是缺失了青城古城镇的风貌。道台狮子其中一处表演空间在青城小学，青城小学处于青城镇的中心位置，在两条主干道的十字路口西南角，西面是青城书院，西北角是中心广场，北入口处有一处空地，是平日大人们聚集聊天，小孩子们玩耍的场所。学校主教学楼前的空地是进行道台狮子的表演场所。平时道台狮子排练的 36 号古民居，也是青城镇新民村村委会，院落形制基本良好，后对建筑立面、屋面和地面的破损部分进行了修复，院落内场地较小，排练比较受到空间的局限（图5.82、图5.83、表 5.25）。

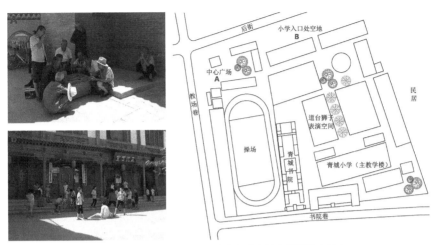

图 5.82　道台狮子公共表演空间（青城小学周边环境）
（来源：作者自摄、自绘）

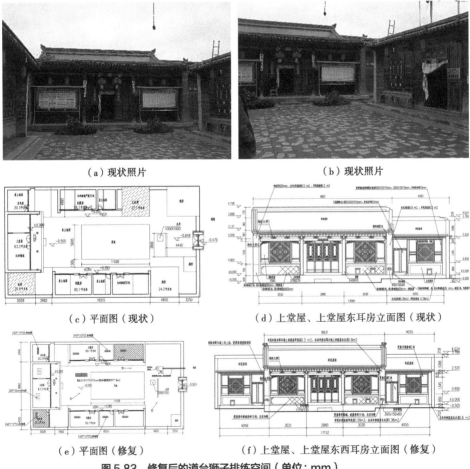

（a）现状照片　　　　　　　　　（b）现状照片

（c）平面图（现状）　　　（d）上堂屋、上堂屋东耳房立面图（现状）

（e）平面图（修复）　　　（f）上堂屋、上堂屋东西耳房立面图（修复）

图 5.83　修复后的道台狮子排练空间（单位：mm）
（来源：作者自摄、自绘）

道台狮子活动空间名称及尺度（来源：作者自制）　　表5.25

空间格局名称	长/m	宽/m	面积/m²	功能
城隍庙	121	23	2783	表演
狄青广场	32.7	27.1	925	表演柴山、翻天营
后街（条城街）	627.1	5	3135.5	表演一字大板桥
村委会（36号古民居）	32	17	583	排练
青城小学	120	17	2040	旅游节、春节表演场所

4. 传承现状

道台狮子表演者需要有扎实的功底，目前会道台狮子表演的老人，年龄最大者为72岁，从12岁练习道台狮子，功底深厚。其现有6个徒弟，在平时空闲时练习。据老人讲，现在年轻人平日都有自己的工作，不能长时间坚持练习，功底不够扎实，出于安全考虑，无法做高难度动作，如今的道台狮子表演，年轻人表演的只有柴山一项，一字大板桥等已无法呈现给大家。

道台狮子因自身表演难度的限制，导致它的传承工作更加困难，道台狮子这样的民间表演一直是以师徒传承，师父在固定的时间教授徒弟练功、技巧等，政府通过民间的走访调研来确立传承人身份，现阶段推选了一位作为传承人。道台狮子现有的一位艺人已经72岁，精力有限，无法教授所有的徒弟，加上徒弟多数为工作间歇学习，难度较高的动作又无法通过长期学习巩固，因此传承困难，在活动时也无法将最精彩的节日展示出来，导致道台狮子这项非物质文化遗产传承发展受限。

5. 适应性保护

道台狮子的传承状况不是很好，一是因为这种表演存在着危险性，以前表演艺人通过这项技艺养家糊口，现在已经转变成了一种文化活动，拥有这项技能的艺人不愿意再冒险表演；二是传承人选定方面存在一些问题，现有的传承人已年老，已无力承担教授技艺的责任。通过对这两个主要问题的分析，提出一些适应性保护的建议：

（1）道台狮子的排练空间目前在村委会的院落中，对外的办公空间位于下堂屋的耳房，可以将夏房设立为传习所，由传承人组织学徒，传授技艺。道台狮子所需的道具，政府给予一定的补助。

（2）由于现在的道台狮子表演是以传播传统文化为主，应避免一些危险的动作，一些高难度的动作，可以由老艺人口述，以文字和录音的方式记录下来，留存，后期通过VR的方式向大家呈现。

（3）保护道台狮子的排练及表演空间，道台狮子的排练空间村委会是一处清代的古民居，年代久远，部分建筑构件破损，因此进行了修复设计，现阶段修缮工作已经完成，村委会是面向村民的窗口，也是游客参观传统文化的空间，传习所设立在村委会，对道台狮子的发展起到良好的推动作用。

5.4.1.5 西厢调

西厢调是传唱于青城及周边地区的传统音乐形式。处于民间自发传唱状态。它伴随着青城民众的生活，唱词都是由民间故事改编而来，词曲朴实优美，欣赏者得以真正地了解青城历史悠久的传统文化；同时由于文人的参与，它增加了文学底蕴，为西厢调的唱词赋予了文学之美，作品得到了升华。这些特征，使青城小调呈现出一种通俗的民间文化生存状态，也成为青城民众休闲娱乐的主要方式。

1. 文化背景

西厢调是流传于本土的地方小戏，并没有形成体制性的传承方式和规范，大多是民间爱好者的参与才得以流传下来。它的受众群体，大多数是一年到头辛勤劳作的乡民，它的演出也是在春节等农闲季节，或是城隍祭祀等"俗喜祀神"活动时进行，是乡民的一种娱乐方式，因此，从艺人员也大多是本地乡民中稍加训练过、曾经有过实际演出活动经验的人。

西厢调是青城镇最早的民间戏曲类型，有三个正规专业的戏班团体，在排练或者演出的时候都是以班社为单位，分别组织排练和演出，以地理位置划分，镇中心为第一个片区，东滩乡为第二个片区，紧邻黄河的村落为第三个片区。在外地演出的时候，各个班社会互相协调，组织人员出去演出。

2. 表演空间

西厢调在有大型节日活动的时候演出，有时也会在农闲季节作为娱乐项目演出，丰富人们的生活。现在西厢调被更多人了解，与外界的联系越来越多，经常会在节日期间或有活动时去外地演出，因为西厢调的活动不受表演空间的限制，只要有舞台，就可以表演。在青城镇，重大节日期间会在高氏祠堂内以及城隍庙内的戏台演出，与城隍出府、道台狮子、垮火山等活动同时进行，平时多在广场搭临时舞台演出，排练基本在自家院落或村委会（图5.84）。

3. 现状

西厢调是榆中县发展比较好的一种曲艺形式，它的承载空间以青城镇的高氏祠堂和城隍庙内的戏楼为主，两个空间保护现状较好。在正式的活动时西厢调才会在戏楼表演，很受游客欢迎，也曾有外国游客慕名而来，在当地是传播度非常

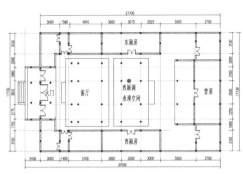

（a）高氏祠堂平面图　　　　　　　　　　　（b）高氏祠堂内表演

图 5.84　西厢调表演空间（高氏祠堂平面图，单位：mm）

（来源：作者自摄、自绘）

广的曲种，周边地区也有一定的传播度，但最远也仅限于西北地区的一些市县。

4.适应性保护

西厢调长期处于比较保守、封闭的环境下，连真正意义上的师承关系都谈不上，更多是口传心授的传承方式。表演者和观众都是本地爱好者，由于年轻一辈的断层、经费不足等原因，导致西厢调日益边缘化，面对这样的生存现状，地方文化政策的扶持变得至关重要，以下是为了保护和传承西厢调，推动的几项保护措施：

（1）举办各种形式的民间曲艺演出，每次演出均由政府拨专款支持，能够很大程度上鼓励曲子工作者及新老传承人的热情。

（2）鼓励支持民间组建自乐形式的班组。

（3）对青城所有自乐班、个人活动情况进行走访和调查，确定经常活动人员和班组。为挖掘、抢救西厢调传统曲目，搜集历史资料，进行录音，以刘自重的《西厢调眉户小曲》为根据，出版《兰州青城西厢眉户小曲选》，为西厢调资料普查奠定了基础。

（4）传承人保护及培养。作为西厢调传承的要点，一是需要有传承主体，二是有可以承载的文化空间。根据目前调查统计资料，青城的曲子班组中，既能演唱又会演奏一件乐器的传承人几乎没有，大多数能唱，不能奏，而且年龄都在 69 岁以上。因此政府需要拨出专款，提供传承人的生活补贴费用，发放给传承人生活补助，履行带徒传授的职责，确定 1~2 个可传授的成员可不定期进行指导、传授。西厢调的表演空间环境较好，但是排练以及教学环境缺乏，可以将青城书院作为西厢调的学习空间，在游客参观的同时，也可以亲身体验传统文化，参与其中，进行学习，感受传统文化的魅力。

5.4.1.6 长面制作技艺

1.制作空间

长面制作在青城有四类制作空间，一是在陈醋厂，有部分空间用来制作长面，二是有专门的长面制作作坊，三是在民居家中制作，四是在教场巷沿街店铺的面馆内。长面制作空间较灵活，如果空间较大，可以制作多一些，空间较小，制作少一些，需要在阴凉处放置晾晒，因此如果是在自家院落中阴干，需要搭遮阳布。青城教场巷的沿街店铺改造，大多数饭馆都售卖长面（图5.85）。

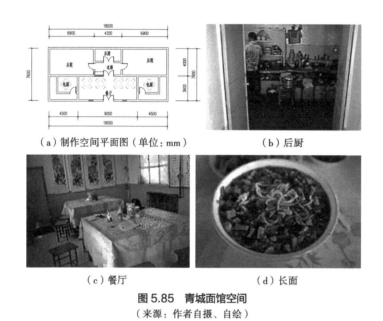

（a）制作空间平面图（单位：mm）　　（b）后厨

（c）餐厅　　（d）长面

图5.85　青城面馆空间
（来源：作者自摄、自绘）

2.制作环境现状

在罗家大院的工厂，其长面制作环境较好，平日制作时工厂是封闭的，禁止参观，制作水平和卫生标准都较高，沿街的饭馆基本干净整洁。而村落内的一些手工作坊卫生环境较差，夏季，作坊门开着，长面晾晒在架子上，蚊蝇较多，存在很大的卫生安全隐患。

3.适应性保护

长面在青城几乎家家都做，现在由于传统的手工长面制作费工费时，于是现代化的机器渐渐代替了手工制作，现代化的机器会导致长面制作这项技艺失去它原有的价值，因此我们需要在制作上恢复传统的制作工艺，严格控制手工作坊的数量，并监管卫生环境，可以在手工作坊中增加游客的体验内容。沿街的店铺内可以增加一些传统文化元素的装饰，比如青城的剪纸、刺绣等。

5.4.1.7　青城陈醋醋造技艺

青城几乎家家都会酿醋，青城人的酿醋工艺是世代相传下来的。依照中国酿醋的历史背景以及青城的发展推断，青城酿醋的历史大约起源于明代。青城人所酿的醋属于老陈醋的一种，由于地理环境、原材料以及工艺的不同，也就有了自己的特点，并形成了一些风俗。

1. 制作空间

（1）民居院落酿醋制作空间

青城大多数人家现在依旧延续着自家做醋的习惯，以家庭式传承制作为主，一般会选择4月制醋糟，因为这段时间气温冷热适度，便于粮食发酵，选择10月下旬来淋醋，因为此时气温较低，蚊蝇较少，适宜成品醋的保存。制作醋糟的过程其实是一个将粮食发酵为醋酸的过程。青城的民居制醋的空间主要是在四合院内（图5.86）。

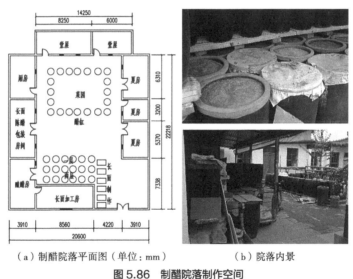

（a）制醋院落平面图（单位：mm）　　　　（b）院落内景

图5.86　制醋院落制作空间

（来源：作者自摄、自绘）

（2）青城镇制醋厂

城镇的制醋作坊现在也已经形成规模，制作的醋主要在镇上的商铺中贩卖，供给青城镇的游客。在青城，各家制醋的过程中有一项风俗，制醋的人家在准备试醋时，要奉请"醋娘娘"，上香点纸，共享叩首，祈求"醋娘娘"帮助自家制醋顺利。请"醋娘娘"要从村子已酿成醋的人家里去请，即借一碗酿好的醋糟，拿到自己家里进行试醋。

青城制醋厂的前身是粮仓，粮仓在城河村罗家大院内，粮仓废弃后，于2014

年改造成制醋厂，进行陈醋酿造及长面加工，工人 8~10 人，总面积 $1680m^2$。制醋厂建成后，对小作坊的冲击比较大（图 5.87、图 5.88）。

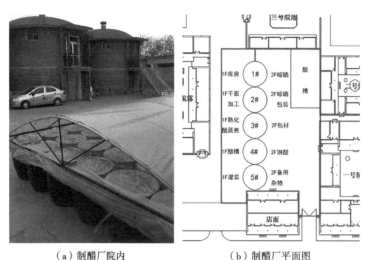

（a）制醋厂院内　　　　　　　（b）制醋厂平面图

图 5.87　陈醋厂制作空间
（来源：作者自摄、自绘）

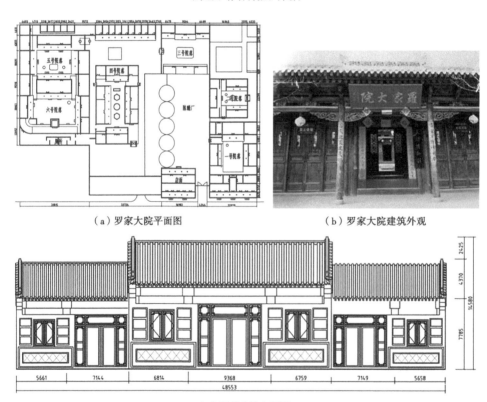

（a）罗家大院平面图　　　　　　　（b）罗家大院建筑外观

（c）罗家大院立面图

图 5.88　陈醋厂周边空间（单位：mm）
（来源：作者自摄、自绘）

2. 制醋环境现状

陈醋酿造制作分布在青城镇的每个村落。青城镇发展旅游业后，有一些个人作坊扩大经营规模，专门制作陈醋作为青城本地的旅游产业，销往白银市、兰州市。个人作坊现有 10 家，制醋厂有两家，一家在城河村，另一家在东滩村。城河村的制醋厂位于罗家大院内，西侧的四号院落为民国时期四合院，五号院落和六号院落为 20 世纪 60 年代末至 70 年代初建的四合院，北侧和东侧的三号院落和二号、一号院落以及南侧的店面为新建建筑。政府统一规划后，将青城镇的主街道作为饮食街，有一部分陈醋销售点，沿街的小巷中，会有一些居民挂上售卖手工陈醋的广告牌，指引游客去家中购买。

3. 适应性保护

青城陈醋的家庭作坊，都是自家制作，自产自销，古镇的美食一条街修建后，陈醋的售卖主要集中在这条街巷，由于青城古镇旅游业的兴盛，陈醋等传统食物的销售量大大增加，因此在食品安全方面需要严格管控。

陈醋厂现有的地址在一处废弃的粮仓处，粮仓的建筑形制特点明显，是青城古镇的一处地标性建筑，陈醋制作赋予了它新的功能，是旧建筑再利用的较好例子。工厂的陈醋制作现在引进了一些新的机器，可以减少酿醋的时间，加大产量，但是影响了陈醋酿造成品的口感以及手工制作的工艺，手工技艺的传承需要尊重它原有的制作工艺及原材料的使用，才能长久地发展。

青城陈醋的市场现在较为混乱，镇内有多种标注着青城陈醋商标的商品，自家酿造的陈醋简单包装后在街面上摆摊销售，陈醋的质量得不到保证，需要加强陈醋生产的食品安全管理，可以与当地的传统文化元素结合，设计包装，与此同时让人们了解当地的文化。

5.4.2　非物质文化遗产与其相关的建筑空间适应性保护措施

5.4.2.1　理论依据

基于非物质文化遗产相关的建筑空间功能协调及修复的保护方法，综合前期多元化的建筑空间分析研究及适应性保护的建议，非物质文化遗产与其建筑空间的保护还需要依托以下几点：

1. 与非物质文化遗产关联不密切的传统建筑空间

非物质文化遗产的保护，需要注重的是与自身相关的各类因素，它的艺术价值、制作技艺、传递的知识、传承人等，这类与传统建筑没有直接关系的非物质文化遗产在保护的过程中需要考虑它自身的发展，建筑并不是其保护的核心内容。例如：手工长面、陈醋制作等这类手工技艺，一般建筑空间就可以满足其使用需求。因此，并不是每一种非物质文化遗产都与建筑空间有密切的关系。

对于依托这类传统建筑的非物质文化遗产而言，主要是保护以非物质文化遗产为基础的建筑特色，包括空间布局、形式和装饰等。

2. 与非物质文化遗产关联密切的历史建筑空间

非物质文化遗产相关建筑种类包括祠堂、庙宇、古民居、饭馆等。在保护与非物质文化遗产关联紧密的建筑空间时，其建筑的空间布局和形式是需要重点关注的内容。还有一些非物质文化遗产需要特定的空间环境。例如，城隍出府这类节庆活动需要特定的城隍庙历史建筑空间作为载体，所以在保护的过程中，我们需要判定二者之间的关系，决定需要保护的重点，因为这类非物质文化遗产与相关建筑空间的关系密切，有着其独特的历史、文化和建筑上的价值，因此这种关系也是保护过程中的重点。

3. 与非物质文化遗产关联密切的传统建筑空间

非物质文化遗产相关的传统建筑类型中有一部分是历史建筑，另一部分则不是。例如"七月官神"的活动空间三圣庙是始建于清光绪年间的古建筑，是"七月官神"重要的表演场所，也是省级文保单位。但是，同样是承载"七月官神"活动的建筑空间白马庙，早期的建筑已经损毁，现在的白马庙是 2007 年在原址上重建的，虽然它不具备建筑遗产的价值，但是却承载着"七月官神"的民俗文化。

与非物质文化遗产相关的历史建筑和传统建筑，在关注重点上会有不同，历史建筑我们关注的是建筑本身，非物质文化遗产相关的传统建筑，需要关注的是非物质文化遗产对建筑空间功能的影响。因为这二者关注的对象不同，相应的保护方法也存在着不同。在本书中，非物质文化遗产与其传统建筑空间和历史建筑空间的保护是重点。

5.4.2.2 适应性保护措施

通过对榆中县非物质文化遗产及其传统建筑的分析及适应性保护建议，总结出针对不同承载空间的非物质文化遗产传承空间环境的保护措施。

1. 非物质文化遗产与其传承空间环境的保护建议

具有传承功能的建筑，由于非物质文化遗产的存在，使得这类建筑与其他建筑的功能性不同，这些与非物质文化遗产有关的特点应当重点保护，而不是将其作为一个整体无差别的保护。例如土榨油制作技艺的制作作坊，作坊的布局和结构与土榨油制作工艺有着密切的关联，以制作工序依次排列的中心布局为主要空间，地面的凹槽专门为榨油出口的油桶预留位置，水泥砌筑与空间为一体炒制胡麻的炒炉。这个手工作坊并不是历史建筑，但是与非物质文化遗产相关的建筑特征应重点被保护。而另一种与非物质文化遗产相关的历史建筑，应当在保护的过程中重点保护现有的建筑空间整体和与非物质文化遗产相关的内容，需要整体性保护。

2.非物质文化遗产相关传统建筑的保护方法

首先保护非物质文化遗产与空间关联较紧密的空间，其次通过建筑本身的历史价值和自身特色分类，最后制定具体的保护方案，以此来保证非物质文化遗产与相关空间得到全面的保护。通过进行量化和质化分析，得出哪一类传统建筑与非物质文化遗产的关系密切，保护好这类传统建筑，能够更好地保护相关的非物质文化遗产传承与发展，这是良性且相互促进的保护关系。

5.5　小结

榆中县非物质文化遗产和相关空间分布不均衡，先从整体上对榆中县非遗空间分布特点进行分析，将非遗类型整合，不同的类型通过不同的方式分析其特征和现状，并提供有针对性的保护措施。

从数量和规模及影响力上，将这一地区的民俗活动"七月官神"和青城古镇作为保护的重点案例，对"七月官神"活动相关的建筑空间、街巷、村落进行量化和质化分析，以及"七月官神"活动内容对建筑空间的影响，活动线路对街巷格局的影响，活动范围对空间村落格局的影响。分析"七月官神"活动与村落的关系；通过空间句法对"七月官神"活动设计的整个线路进行分析，总结目前存在的问题，并对这些问题提出针对性的保护措施。

分析青城镇非遗和相关空间的不同空间类型，对其进行量化和质化分析，对与空间环境关联密切的节庆类和手工技艺类非物质文化遗产进行空间类型划分，分析非遗相关空间环境的重要性，与非遗的密切性，利用空间句法分析，得出目前存在的问题，并提出保护的措施。

对榆中县非物质文化遗产相关的个体建筑空间进行分析，提出针对性的适应性保护措施。

参考文献

[1]　戴其文，等．基于区域视角探讨广西非物质文化遗产的保护 [J]．资源科学，2013，5（5）：1105．

[2] 宋俊华.关于国家文化生态保护区建设的几点思考[J].文化遗产，2011，7（3）：3.

[3] 梁君，汪慧敏.珠江—西江经济带非物质文化遗产空间分布特征与影响因素[J].社会科学，2018，12（12）：46.

[4] 柴国珍，孙文学.山西非物质文化遗产的时空分布与重心移动分析[J].文化遗产，2010，4（2）：10.

[5] 李朋瑶，徐峰.自然山水格局下的成都古镇旅游空间结构研究[J].现代城市研究，2016，9（9）：47-52，71.

[6] 曹沁霖，夏健.节庆类非物质文化遗产主题空间规划设计原则初探[J].苏州科技大学学报（工程技术版），2017，6（2）：58.

[7] 李朋瑶，徐峰.成都古镇文化空间量化分析[J].现代城市研究，2018，11（11）：59.

[8] 陈华文.论中国非物质文化遗产的分级申报制度[J].民俗研究，2010，95（3）：69.

[9] 百年非遗 匠心造物 兰州榆中七月官神.百科知识网，2019-12-14.

[10] [23]叶青，杨豪中.地域文化视角下金崖镇传统村落保护微更新研究[J].华中建筑，2019，9（9）：79.

[11] 黄跃昊.甘肃榆中金崖镇[J].文物，2013，10（10）：73.

[12] 陈朋，等.县域乡村建设规划策略及郓城县实践[J].规划师，2019，10（20）：77.

[13] 吴志强，李德华.城市规划原理[M].北京：中国建筑工业出版社，2010：11.

[14] 杨滔.空间的价值：空间句法的反思[J].建筑师，2018，10（5）：49.

[15] 于谦柏.以"空间句法"（Space Syntax）探讨SHOPPING MALL的公共空间组织[D].武汉：华中科技大学，2005.

[16] [18]Turner，A，Penn，A，& Hillier，B. An algorithmic definition of the axial map[J]. Environment and Planning B：Planning and Design 32（3）：425-444，428.

[17] Hillier，B.& Hanson，J.（1984），The Social Logic of Space[J]，Cambridge University Press：Cambridge：93-97.

[19] 朱文龙.基于空间句法的城中村公共空间更新策略研究[J].中外建筑，2022（5）：21-26.

[20] [21]陈丹丹.基于空间句法的古村落空间形态研究——以祁门县渚口村为例[J].城市发展研究，2017，8（8）：31.

[22] 张东，李林汝.空间句法视角下的乡村空间转型研究[J].工业建筑，2020，50（12）：25-31.

[24] 王薇.文化线路视野中梅关古道的历史演变及其保护研究[D].上海：复旦大学，2014.

[25] [27][29][30][33~36]叶青，等.非物质文化遗产（遗存）与历史古镇空间的适应性整体保护模式研究——以青城古镇为例[J].华中建筑，2020，38（2）：99-103.

[26] 郭兴华.文化多样性视角下的青城历史文化名镇保护研究[D].兰州：兰州理工大学，2006.

[28] 杨建斌.传统村落动态保护与更新设计方法研究——以兰州青城镇为例[D].兰州：兰州交通大学，2017.

[31] 郭兴华.文化多样性视角下的青城历史文化名镇保护研究[D].兰州：兰州理工大学，2016.

[32] 郑海晨，等.榆中青城古镇空间特征解析[J].中外建筑，2009，11（11）：43-45.

[37] 李红艳.文化生态下的历史古镇空间解读——以陕西蓝田葛牌镇为例[J].建筑学报，2015，4（4）：84.

[38] 李联桂，字芳五，庠生，青城东滩人，参见《青城诗抄》之《青城东市观狮子》。

第6章　结论

　　非物质文化遗产与其传承空间环境有着密切的联系，非物质文化遗产增加了地区的地域文化特色，也是一个地区的精神文化代表。榆中县非物质文化遗产种类复杂多样，我们需要找到适合非物质文化遗产与其传承空间环境的保护方式，传统的乡镇、村落、建筑都是非物质文化遗产的聚集地，传统文化的空间环境形成了非物质文化遗产的空间载体。本书从非物质文化遗产与其传承空间环境的关系入手，对两者的共生性保护和发展进行理论与实际方面的研究。

6.1　研究的主要结论

　　根据研究的内容，总结了三个方面的研究成果，如下：
　　（1）提出非物质文化遗产的"传承空间环境"概念，研究非物质文化遗产与其传承空间环境的共生关系，从而提出"适应性"保护的理论。
　　（2）在研究中提出并应用了非物质文化遗产与其传承空间环境的适应性保护，并提出了"区域保护及文化整合""复合结构的类型保护""建筑空间功能协调及修复"的具体保护方法。
　　（3）运用建筑学、规划学、非物质文化遗产等多学科多领域知识，将可持续发展、有机更新理论与适应性保护理论相结合，从县域范围的非物质文化遗产与其传承空间环境的宏观、中观、微观保护维度来考虑问题，从多层级的角度来分析和解决问题。

6.1.1　非物质文化遗产与其传承空间环境的三个层级关系的保护

　　1. 非物质文化遗产与县域空间环境的宏观保护
　　非物质文化遗产依托县域的大环境而生，通过非物质文化遗产相关空间这一媒介与县域空间发生联系，影响着非物质文化遗产在县域范围的分布。
　　环境的差异对非物质文化遗产的分布有一定的作用，其地理环境、人文历史，空间形态等也会对非物质文化遗产的分布造成影响，在有的场所空间环境中非物质文化遗产可以良好的发展，而有些场所空间因地形地貌等自然环境因素，会限制住非物质文化遗产的发展。

2. 非物质文化遗产与镇域、村落空间环境的中观保护

县域的大部分非物质文化遗产都是在传统村落、乡镇空间里形成的，这里的非物质文化遗产一方面受到大环境的影响，另一方面又影响着当地人的生活，互相牵制，互相影响下向前发展。非物质文化遗产与其空间的属性也会影响非物质文化遗产在空间上的分布。相邻的村落之间会因为相同的生活及文化背景、亲缘关系而相互吸引，结合村落空间，形成丰富的空间形态。

3. 非物质文化遗产与建筑空间环境的微观保护

非物质文化遗产与其传承空间环境是一个不可分割的整体。非物质文化遗产的研究范围包括非物质文化遗产的传承人和参与者，活动需要的道具、原料、产品和场所，以及非物质文化遗产相关的建筑空间特色等。

非物质文化遗产相关的建筑特色、创作和传承人、相关的工具、受众群体等都存在于这个空间环境中。有些非物质文化遗产是以建筑空间为主要载体，但它又是另一项非物质文化遗产活动的一部分。因此，我们需要在保护的时候将非物质文化遗产和它的活动空间动态保护起来，更加准确地反映文化生态的活动。

6.1.2 适应性保护在非物质文化遗产与其传承空间环境的理论建构与实践

适应性保护强调在非物质文化遗产与其传承空间环境保护中的可持续发展及有机更新，更适合现在的城镇化背景，并且更有利用非物质文化遗产与其传承空间环境的未来发展，"适应性保护"也是本书不懈追求的理论建构，针对保护中的现实问题，基于自身特征的分析确定契合其实际的保护目标和方向，并以此来研究拟定保护的策略、方法。

6.1.3 多层级分析

非物质文化遗产与其传承空间环境的保护，需要跨专业、多学科交叉的研究，包含建筑学、规划学、人居聚居学、社会学、文化生态学等方面的理论。由于县域环境本身及研究方向的复杂性，所以需要理论的跨学科研究。在非物质文化遗产适应性保护的方法中，"区域规划及文化整合"与规划学和文化生态学理论相关，"类型划分及多层级保护"与人类聚居学和非物质文化遗产理论相关，

"建筑空间功能协调及修复"与环境行为学和建筑学相关。

6.1.3.1　以非物质文化遗产保护的视角

以非物质文化遗产保护的视角，着重提出非物质文化遗产的历史建筑、一般建筑的价值，生活在这里的居民中非遗传承人和学徒的价值，手工作坊、传习所、商铺等非遗活动空间的价值，地域文化特色对其空间环境的重要意义。

6.1.3.2　以传承空间环境保护的视角

以传承空间环境保护的视角研究非物质文化遗产的保护与发展，在研究二者之间关系的同时，我们发现与非物质文化遗产关联密切的空间环境对非物质文化遗产的保护有非常重要且积极的作用，非物质文化遗产空间环境的保护同等重要，因此都应该得到重视与保护。

通过对非物质文化遗产区域规划分析各层级的数量分析，建筑空间的质量分析，与宏观、中观、微观空间的结合，解决了单纯靠非物质文化遗产保护或空间环境保护所不能完全解决的一些问题，例如：针对区域规划的三维层面、多层级的二维层面、建筑空间质量的一维层面，较全面地对榆中县非物质文化遗产及其传承空间环境进行了综合的多层级分析。

6.2　研究的创新点

前期理论方面运用了生物学中的"适应性"观点，提出了非物质文化遗产与其传承空间环境适应性保护的概念和理论框架，并从环境适应性的角度分析榆中县地域背景影响下的非物质文化遗产与其传承空间环境的关系。宏观层面以县域为整体保护，中观层面以村镇范围的非物质文化遗产与其传承空间环境保护为主，微观层面以单体的非物质文化遗产与其传承空间环境保护为主，坚持有机更新及可持续发展的保护策略，为榆中县非物质文化遗产与其传承空间环境的保护提供更加科学的方法。

对榆中县非物质文化遗产与其传承空间环境的保护研究基本处于零散的状态，在榆中县非物质文化遗产与其传承空间环境适应性保护的研究中提出了遗产区域保护及文化整合、复合结构的类型保护及传统建筑空间功能协调及修复三种系统的保护方法，通过量化、质化分析，将其区域文化分类整合；利用空间句法，详细分析非物质文化遗产与其镇域空间环境特征；通过分析非物质文化遗产对相关建筑空间布局、功能等因素的影响，提供具体的、有针对性的个性化保护措施。

6.3 研究不足及展望

6.3.1 研究的不足

6.3.1.1 非物质文化遗产所在村落内部的社会学关系分析不足

研究的对象主要是集中在村落中，村落里人与人之间的关系，比如村落祭祀活动的参与者都是村落的村民，前期准备一些大型活动的时候，活动的负责人将任务派发给各家各户，人们或开始组织排练，或开始准备道具，或商议活动的具体事务等。一项活动使村民们联系起来，即使在平时的日常生活中没有过多的交集，在祭祀这天，大家也会放下各种事物，来参加祭拜活动。祭祀活动成为村民间联络情感的纽带，这些民俗类的非遗涉及村落众多，村落的居民在特定的时间，通过非遗这类活动，有了更多的联系，组织活动的过程。是村落间的社会群体建立密切联系的时候。

榆中县的一些传统手工技艺，历史悠久，经历了一代代传承至今。在传承的过程中，手工技艺的制作工艺、技法、传承人的继承方式有没有发生改变，如果有变化，是如何发展变化的。有些传承式的手工技艺，家庭成员较多，家庭结构复杂，在传承的过程中，可能会出现传承人变更等情况。因此，要对手工技艺的传承谱系调查，建立传承谱系图谱。上述我们所说的祭祀活动以及手工技艺的传承都离不开人的参与，人们将这些非物质文化遗产与空间联系起来，而这种联系的产生需要通过社会学学科的研究，以此更加全面地研究非遗与其传承空间环境的关系。

6.3.1.2 人与街巷空间的关系分析不足

本书对不同地域的街巷形态进行了分析，同时在分析非遗与其空间环境时研究了非遗与街巷空间的关系，分析了非遗行进路线，以及街巷的尺度，并采取了空间句法的技术方法对非遗行进路线的可达性的指标进行了分析，对活动路线的畅通性、合理性进行了分析、判断，但是这部分内容目前来看略显孤立，前期应当对进行这项非遗活动的人群行为进行梳理，活动时的参与者、观众是如何行进的，他们需要的空间是不是足够等，对这些内容进行充分的调研后，才可以对非遗活动的路线合理性有更深入的分析。在分析后，对非遗活动的街巷记忆空间节点进行了风貌优化，但是缺少非遗活动时人在空间中活动的优化措施，这都是未来需要予以解决的问题。

6.3.2 展望

6.3.2.1 设计工作内容的具体实施

非物质文化遗产的公共空间包括祠堂空间、庙宇空间、手工作坊空间以及外部的环境，村落的广场空间、街巷间的连接节点等，这些空间的功能不仅仅是非遗活动的空间，在日常生活中，人们也在这里进行文化娱乐活动、体育活动等。这些公共空间成了村落中人与人之间维系情感的场所。在对村落非物质文化遗产及其传承空间环境保护的同时，应该考虑到人们对公共场所的日常需求，对空间的尺度感、舒适度及功能性进行具体的设计，比如增加绿地面积、休息设施，提升公共空间的活跃度，在人们闲暇之余，能够在这里驻留，形成人们的场所记忆。

6.3.2.2 通过量化的方式对榆中县非物质文化遗产与其传承空间环境进行动态保护

本书试图通过对榆中县的非物质文化遗产与其传承空间环境的研究，找到县域范围非物质文化遗产与其传承空间环境保护方法的可复制性，但是由于非物质文化遗产的空间环境因为地域不同，会产生地域文化的差异性。同时，也因为地域文化的差异，村落风貌也不尽相同。因此，非物质文化遗产的空间整体风貌、空间分布特征、量化和质化以及保护的策略都需要系统地分析研究。这是一项专业的工作，各个地区需要进行专门的资料收集和专业的研究评定，同时形成适合各个地区的保护方式。对非物质文化遗产空间环境的量化和质量评定是非常重要的环节，在保护的过程中可对整体的空间环境有更清晰的认知，针对不同的空间环境采取更加明确的方法。

后记

　　行文至此，心中感慨万千，本书的写作过程充满了挑战，过程中遇到诸多困难，基础知识的欠缺，学术研究经验不足等问题让我写作的进程缓慢甚至停滞不前。俗话说，万事开头难，随着研究的深入，这些问题也迎刃而解。

　　非物质文化遗产与其传承空间环境的研究是我的导师杨豪中教授致力研究的课题，这一论题需要将文化与建筑学结合，寻找二者之间的关系，解决文章的关键性问题与难点，科学地论证自己的观点并提出创新性的见解。在本书撰写的过程中，笔者也曾经迷茫过，深深体会到学术研究的不易，许多问题思考深度不够。在与导师杨豪中教授沟通后，他给予了我莫大的鼓励与帮助，随着研究的推进，从提纲拟定到一次次的修改完善，直至最终定稿，每当我遇到困难时，导师总会给予我专业的解答意见，使我豁然开朗。感谢导师杨豪中教授在我遇到困难时给予的帮助与鼓励。

　　感谢李志民教授、王军教授、张沛教授、李军环教授、王琰教授、权计东教授、武联教授、吴左宾教授、李京生教授在研究过程中对我的指导和帮助。

　　感谢同窗龙婷博士、夏固萍博士、吴晓冬博士在写作期间对我提供的帮助和支持。

　　感谢榆中县文化馆、榆中县规划局、榆中县气象局、青城镇政府等相关部门在田野调研和资料收集时给予我的协助。

　　感谢我的母亲，虽然您已不在我身边多年，但我经常能回忆起小时候您陪伴在我身边的时光。在您被病痛折磨时，我能感受到您力不从心却仍然想为我做些事情，直到今天我依然能感受到那份力量与爱。感谢一直支持我的父亲，在成长的过程中给予的关怀和引导，从我离开家，踏上求学之路，走上工作岗位，您一直在为我指引方向，保护着我，让我少走了很多弯路。因为你们，才让我有了不断前进的动力。

　　感谢我的丈夫，在我研究期间，承担了家务和照顾孩子的重任，让我有了更多的时间和精力完成写作任务。感谢我的孩子，你是我的精神动力和快乐源泉。谢谢你们一直以来的支持和鼓励，给予了我信心和勇气，面对困难、面对挑战。

　　学术研究是一项严谨缜密的科学工作，多年的科研工作帮助我养成了良好的学习研究习惯，在日后的教学科研工作中，也能发挥其作用，使我受益颇多。接下来的人生可能还将面临诸多挑战，我想我会更加从容地面对，在此谨向曾给予过我帮助的所有人表示最真挚的感谢！